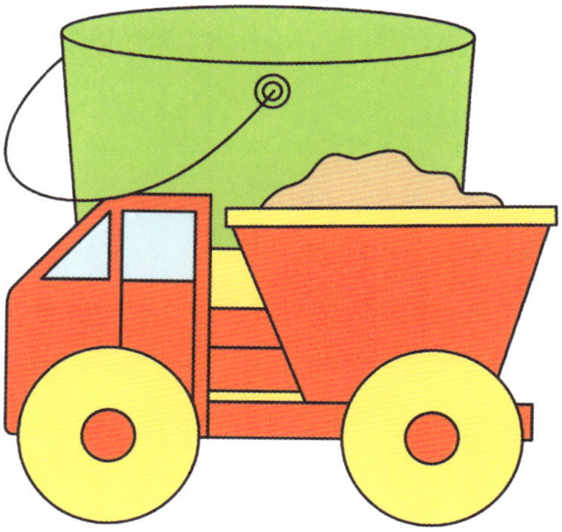

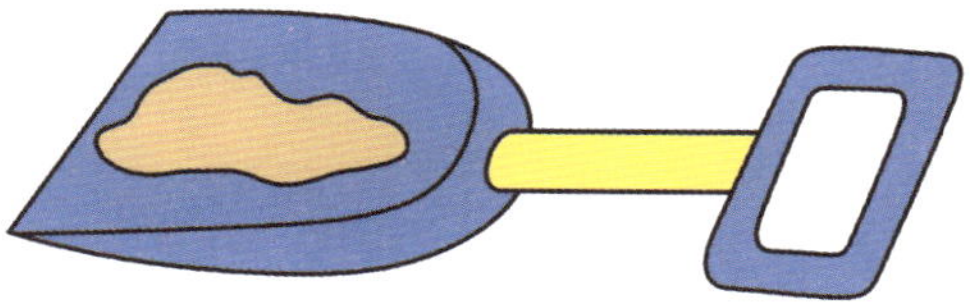

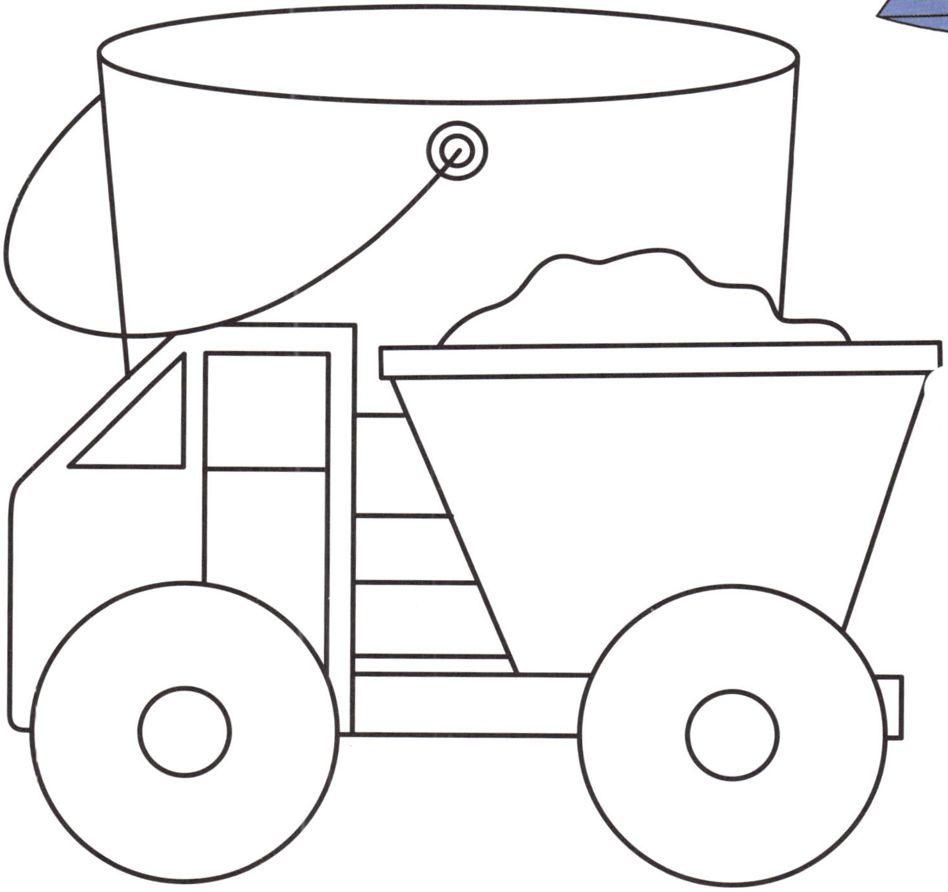

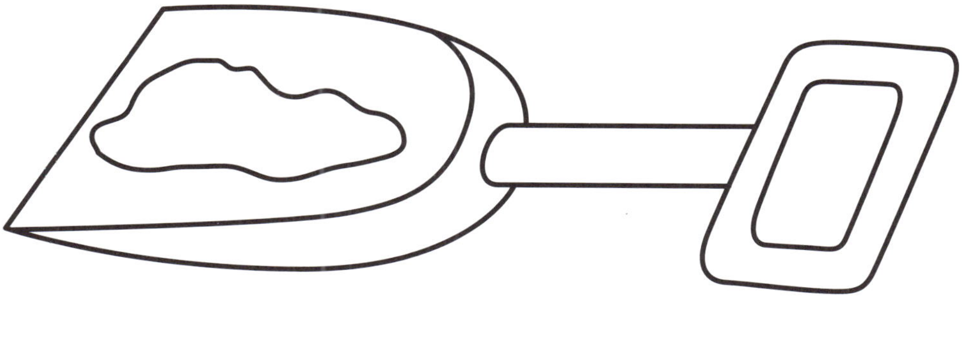

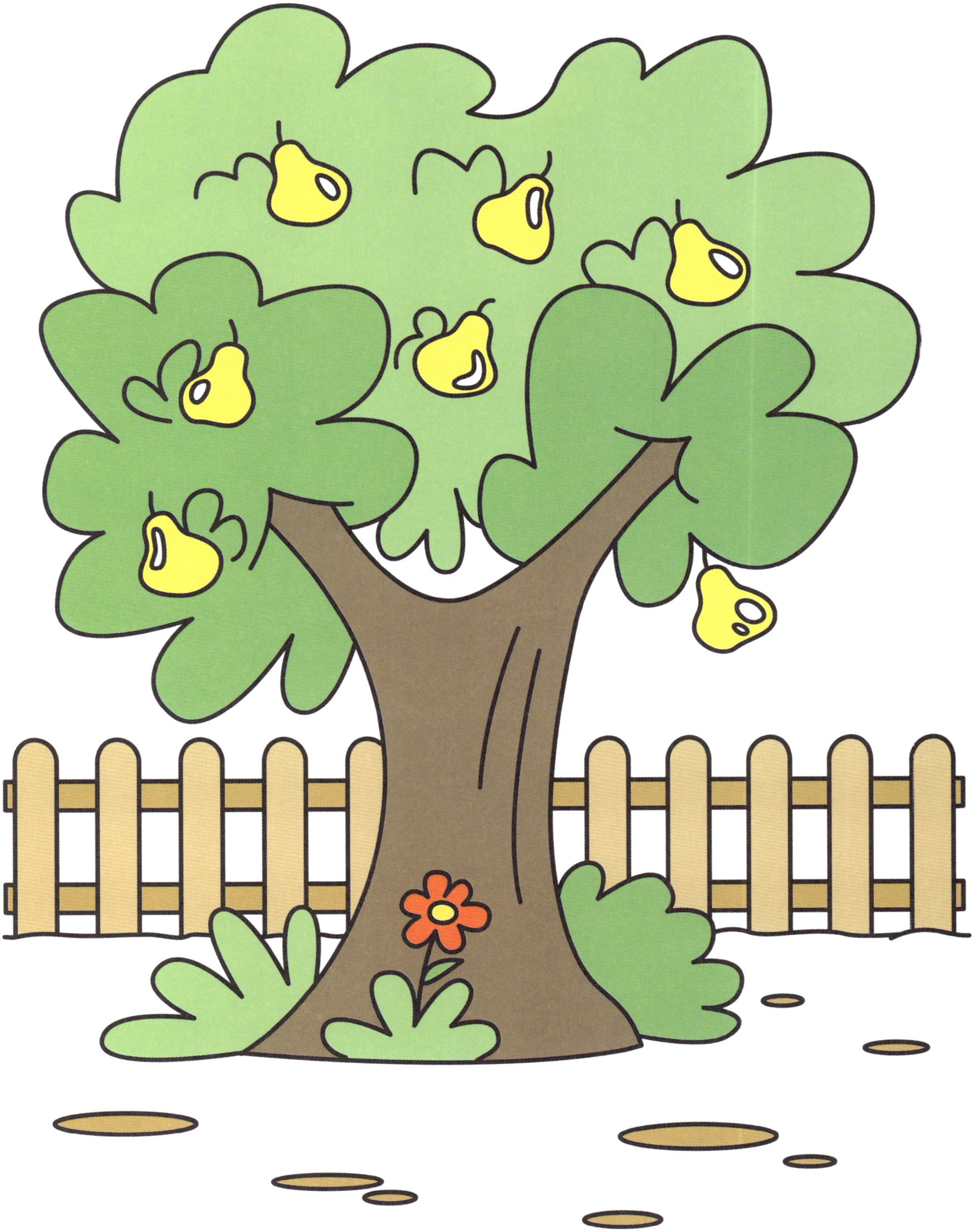

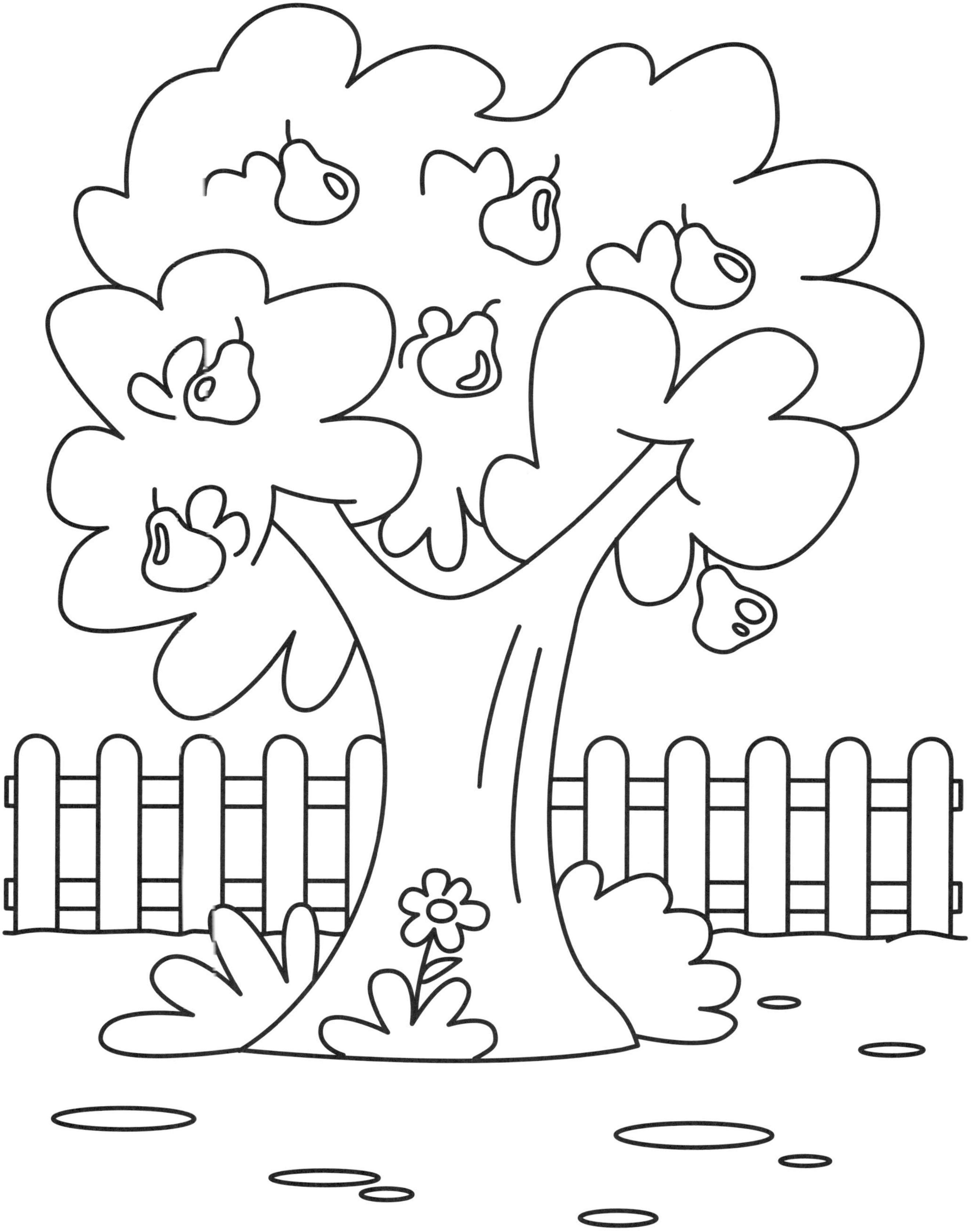

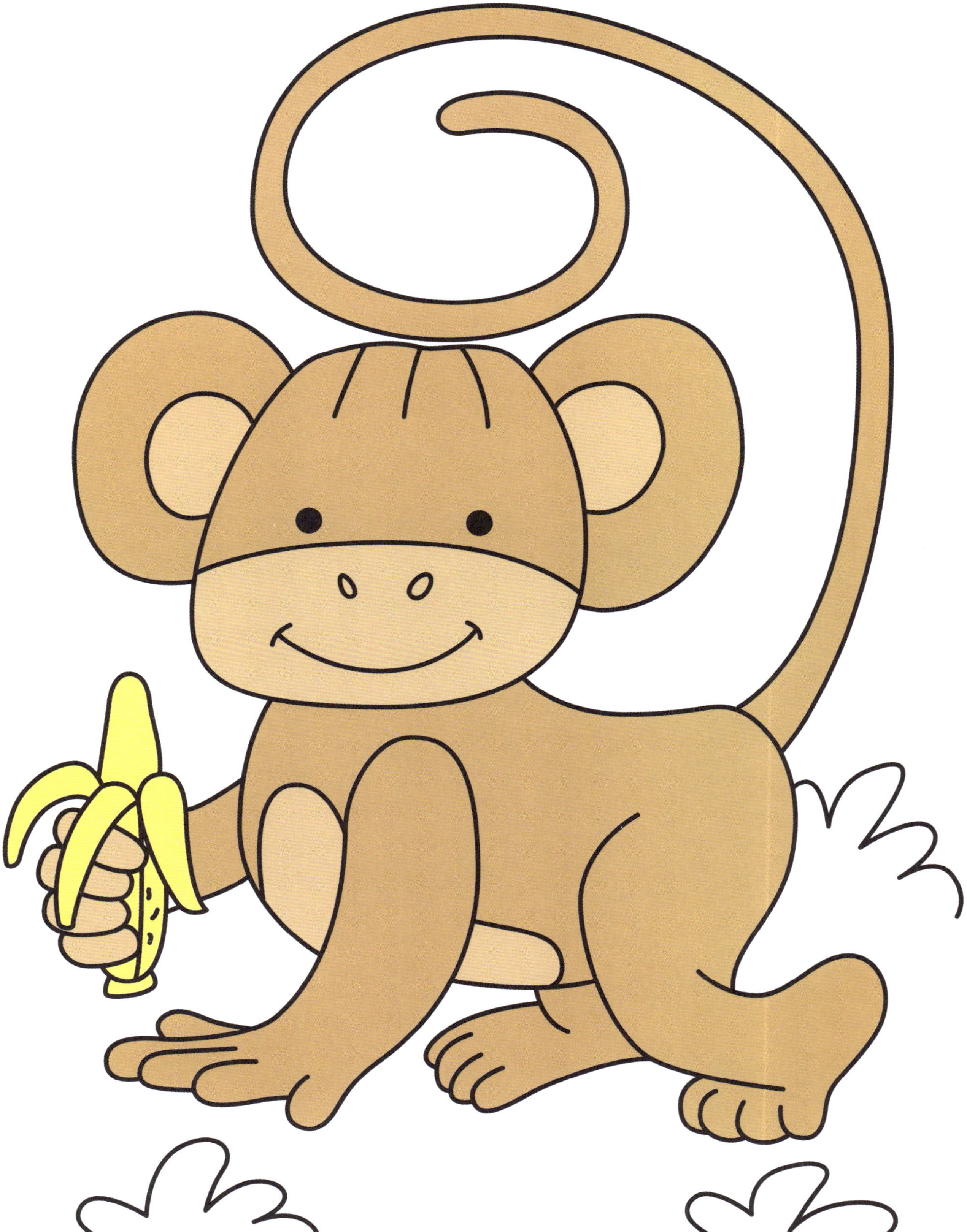

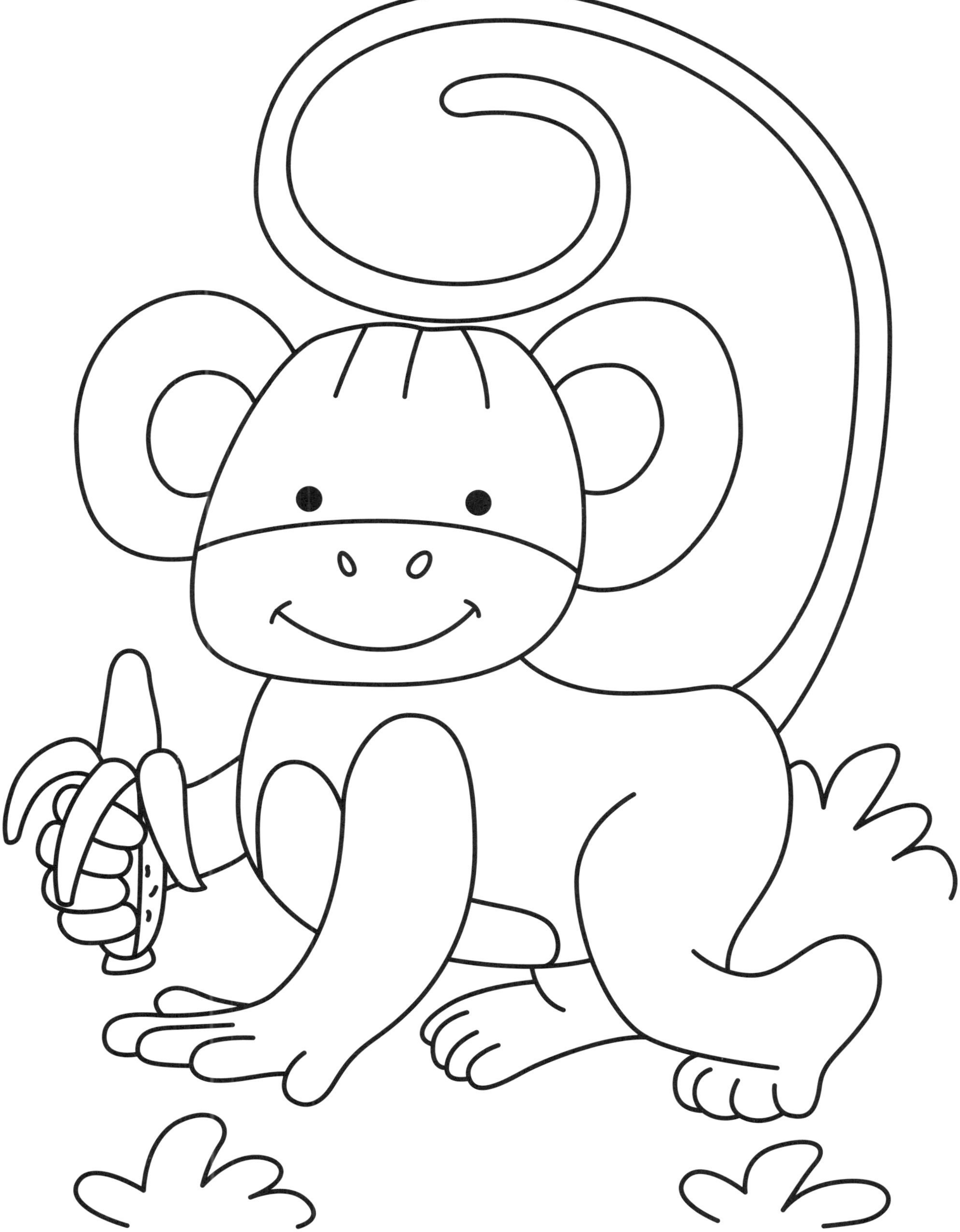

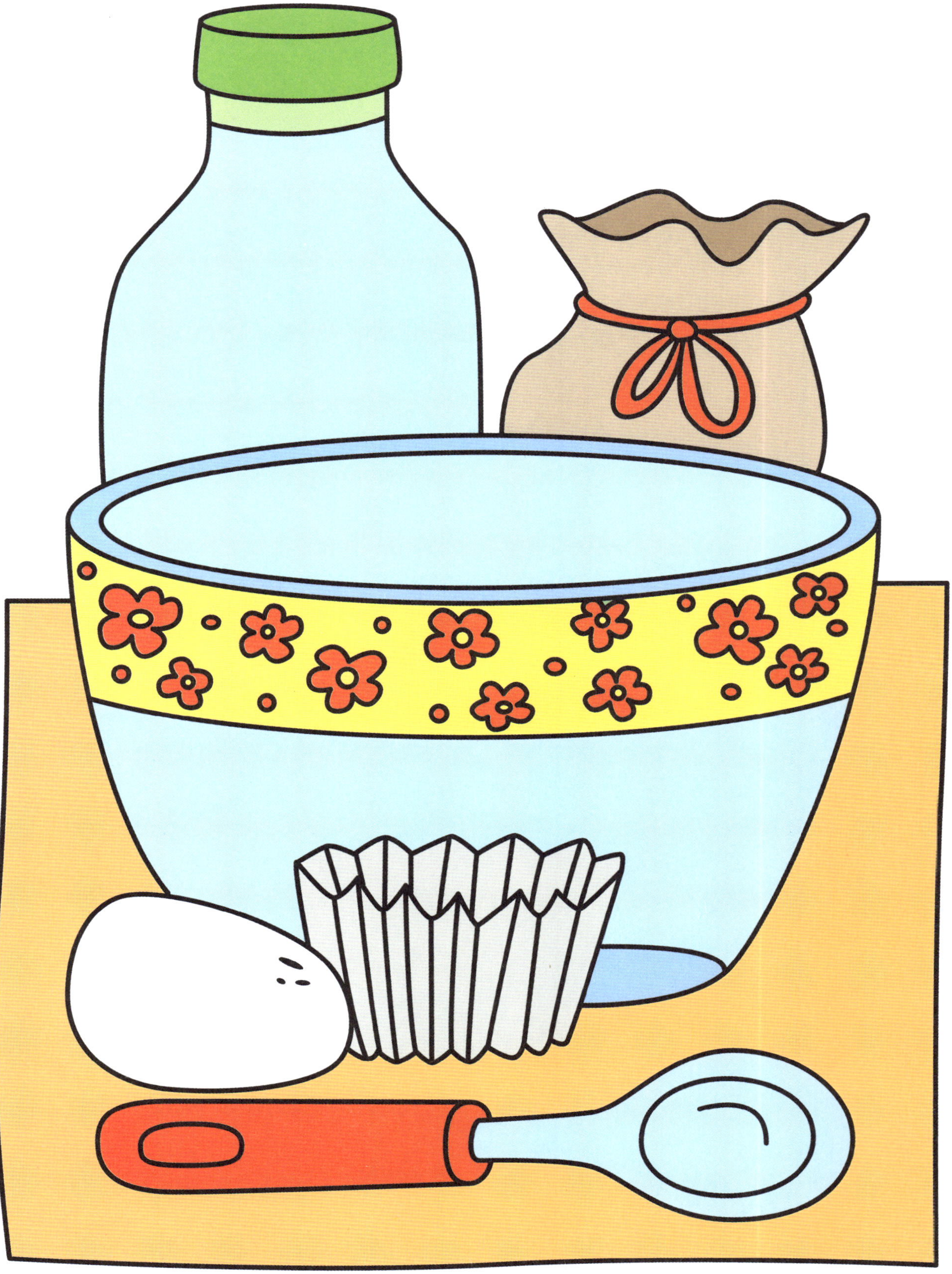

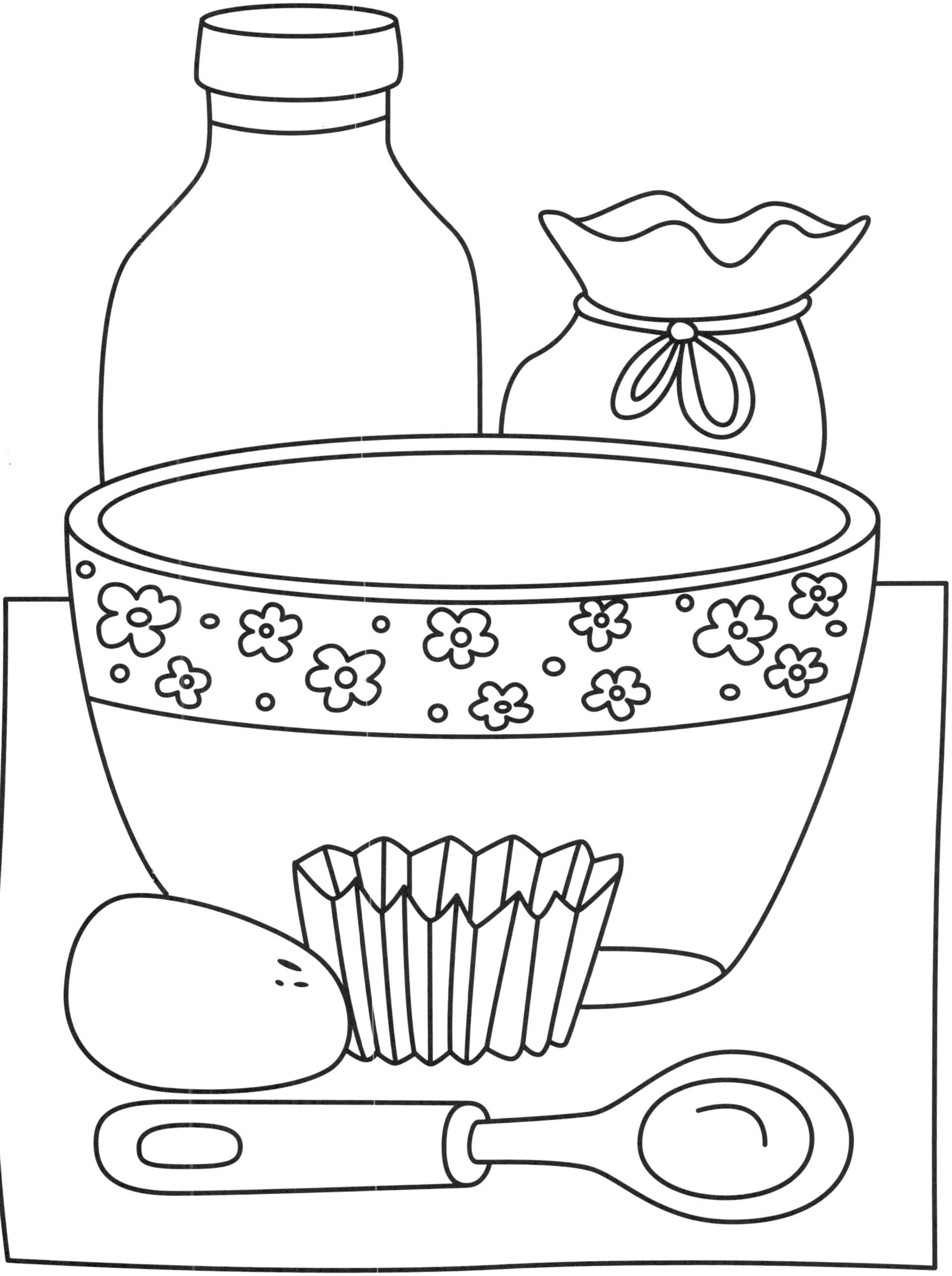

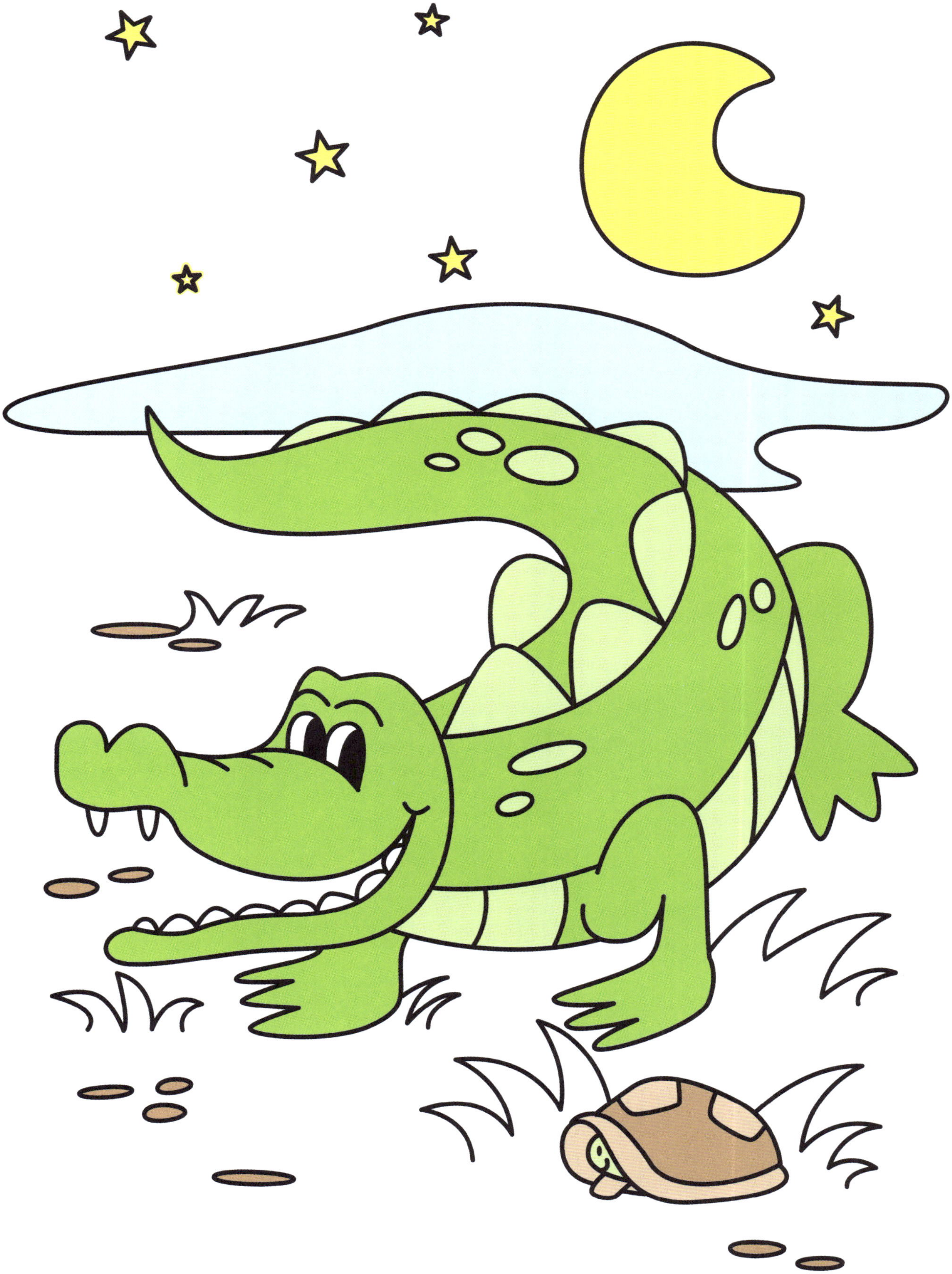

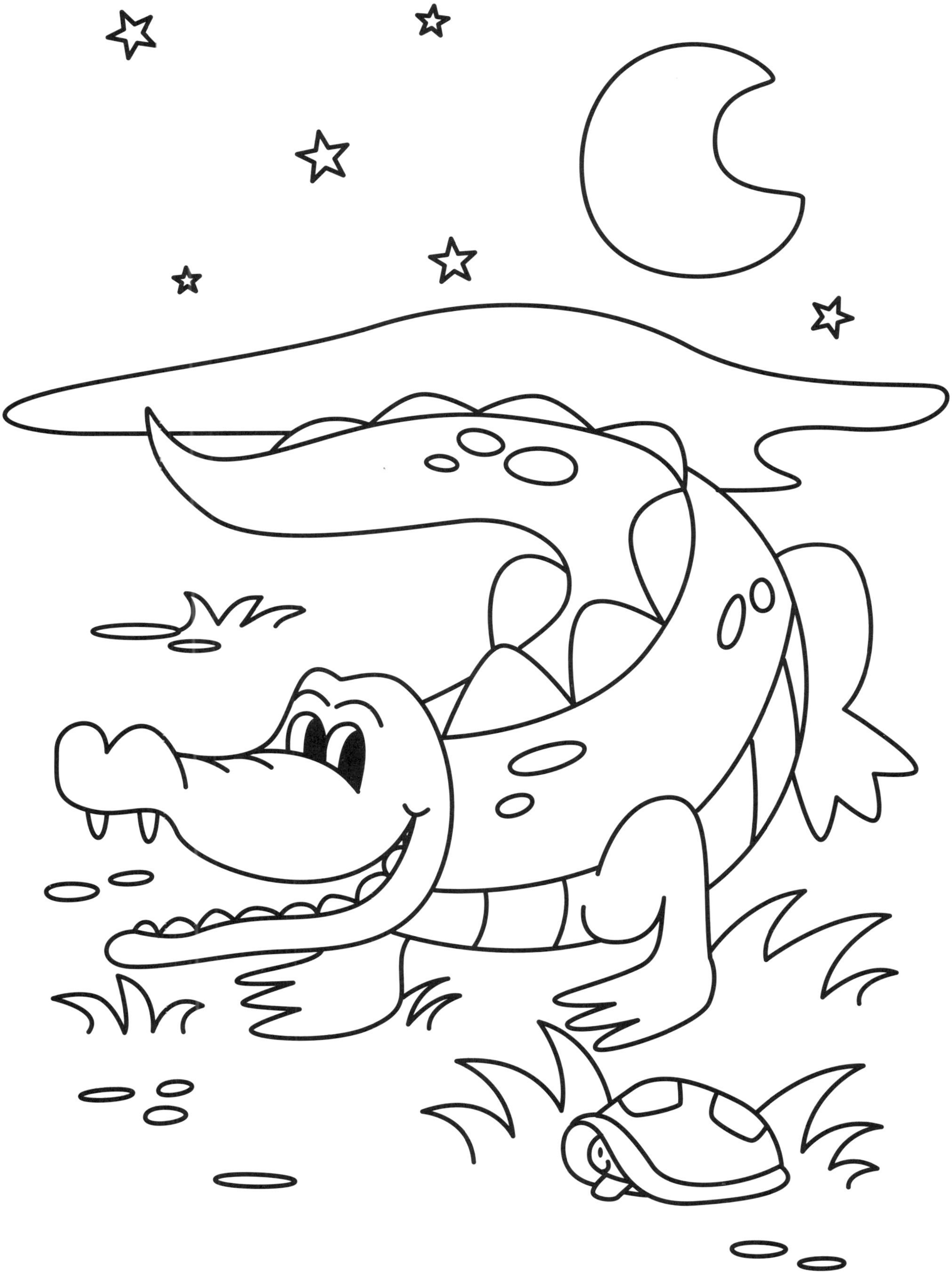

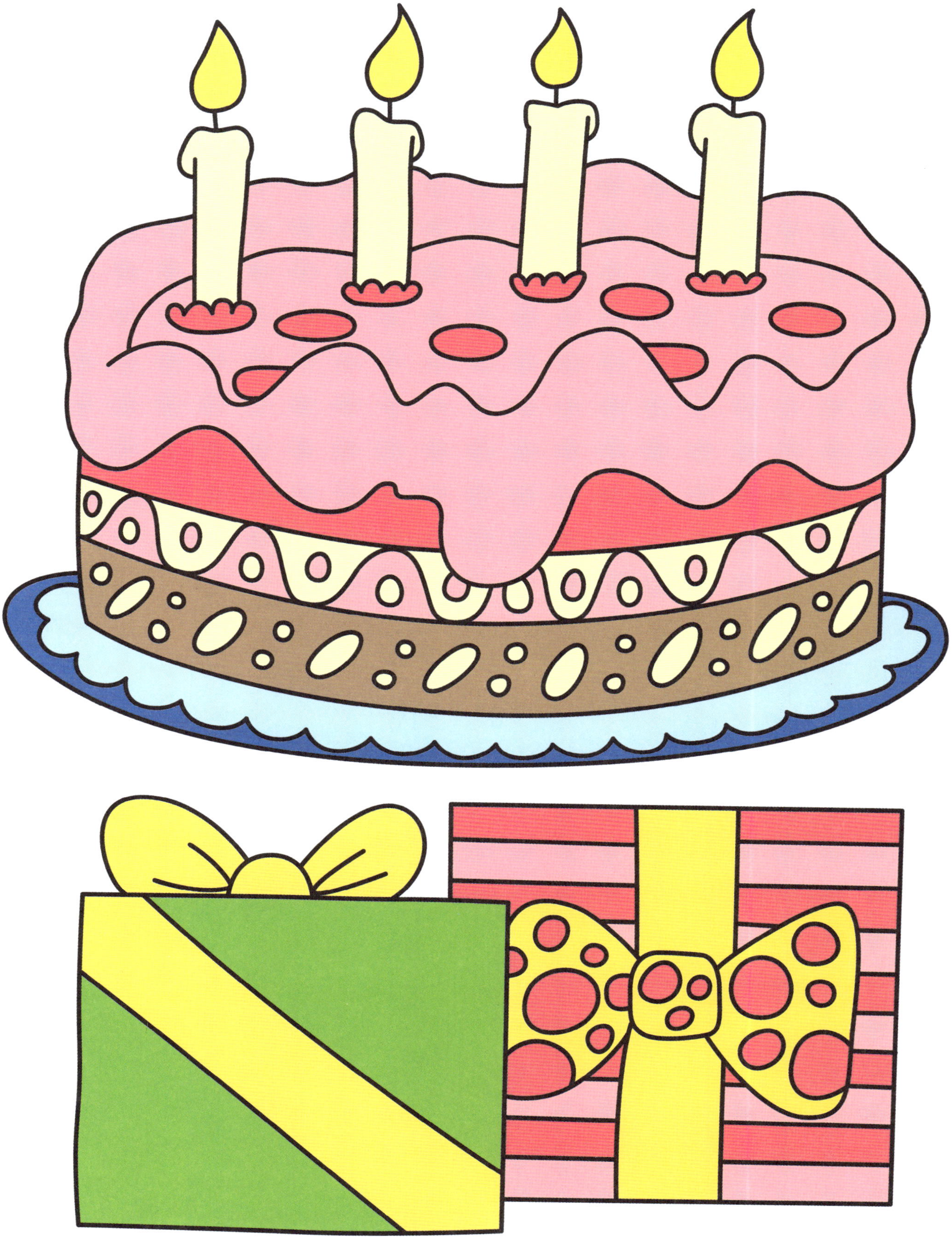

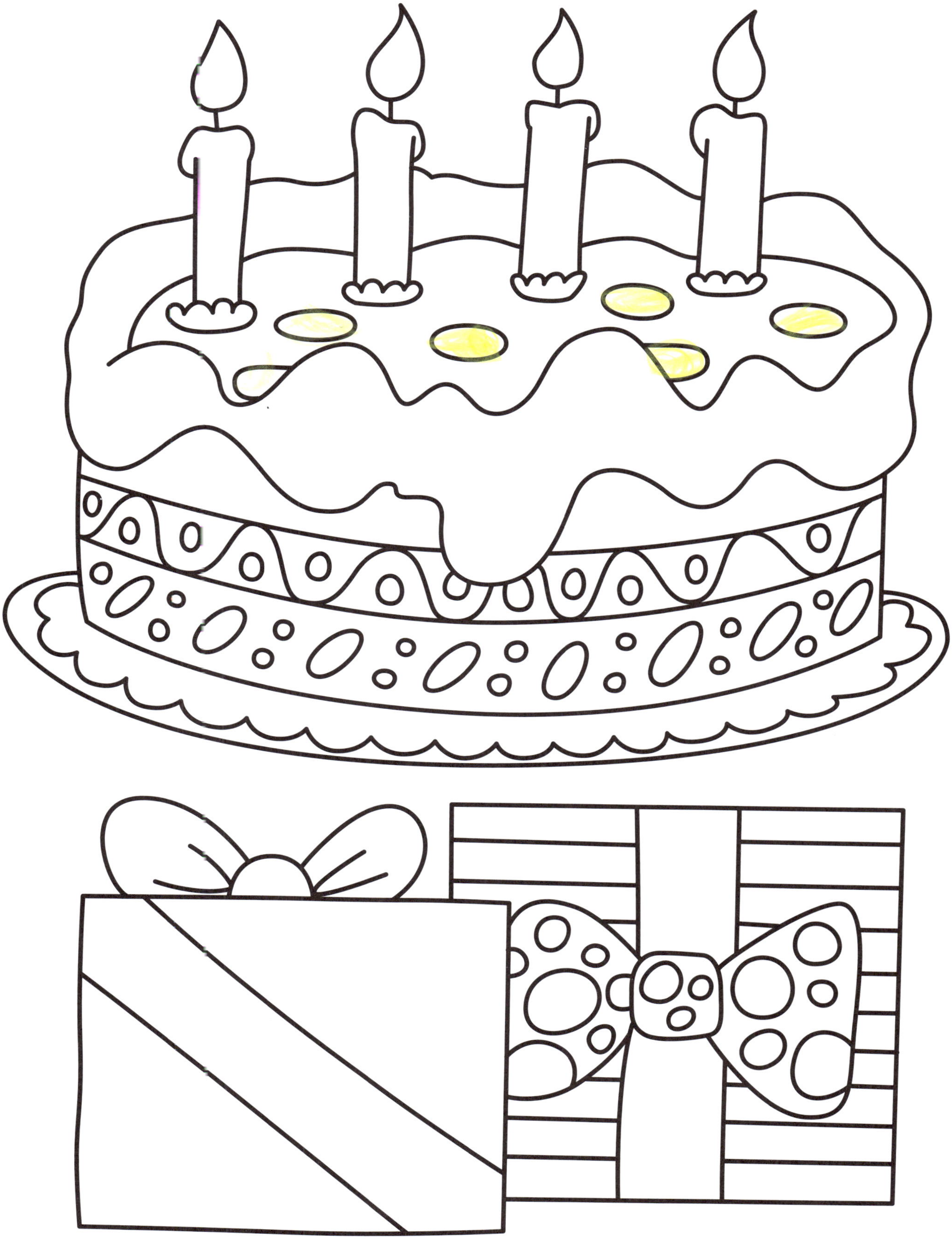

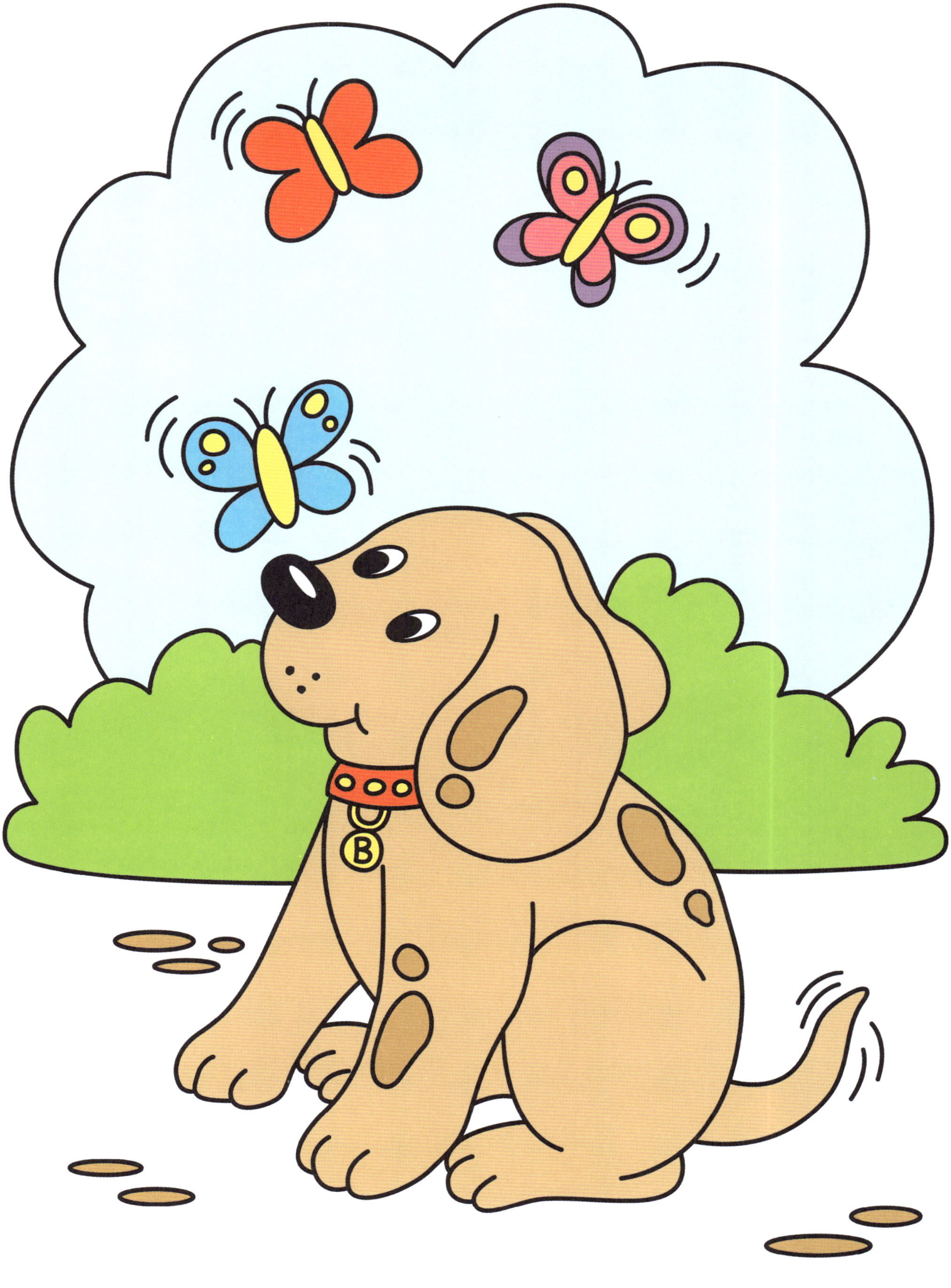
B

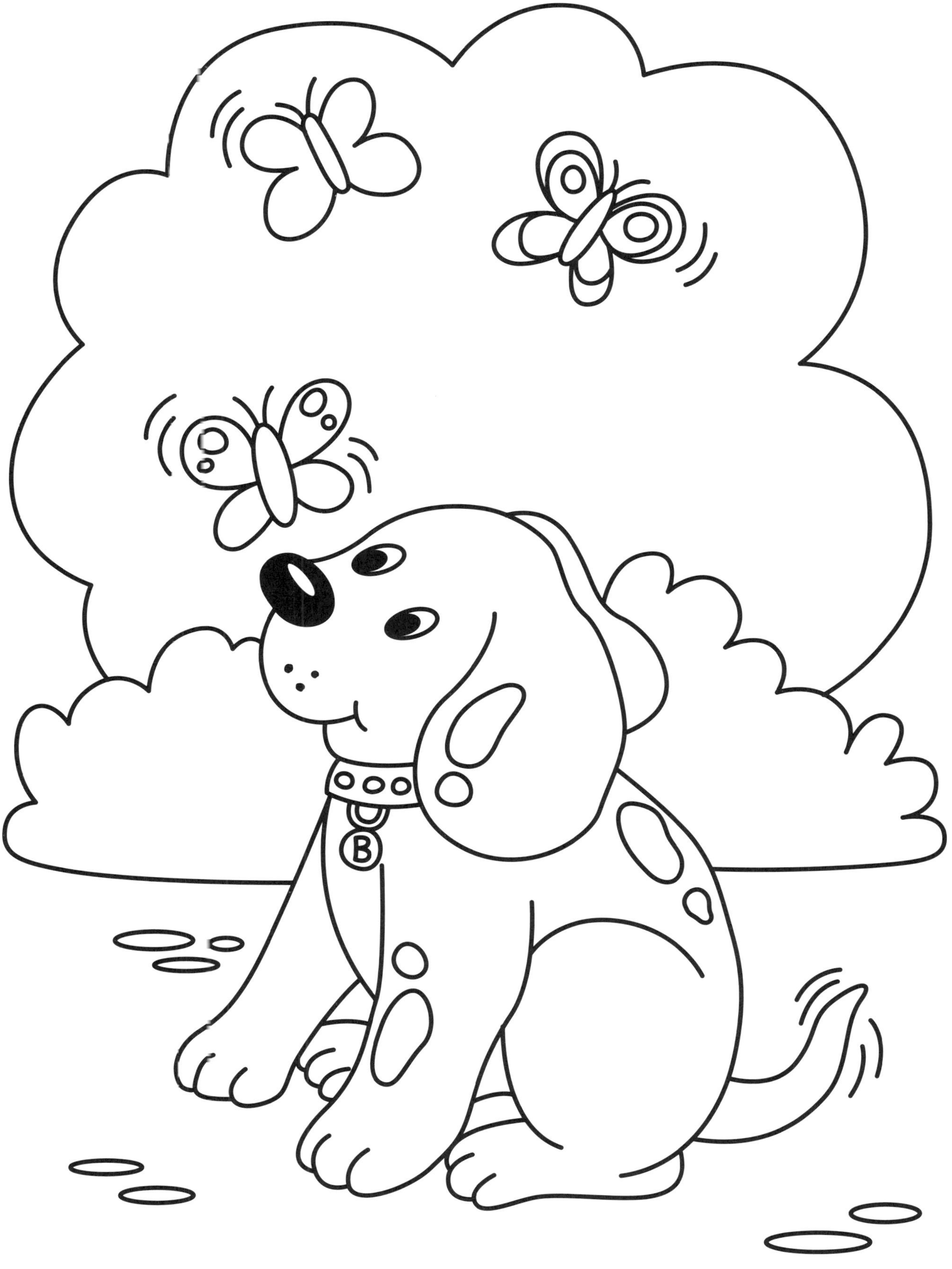
B

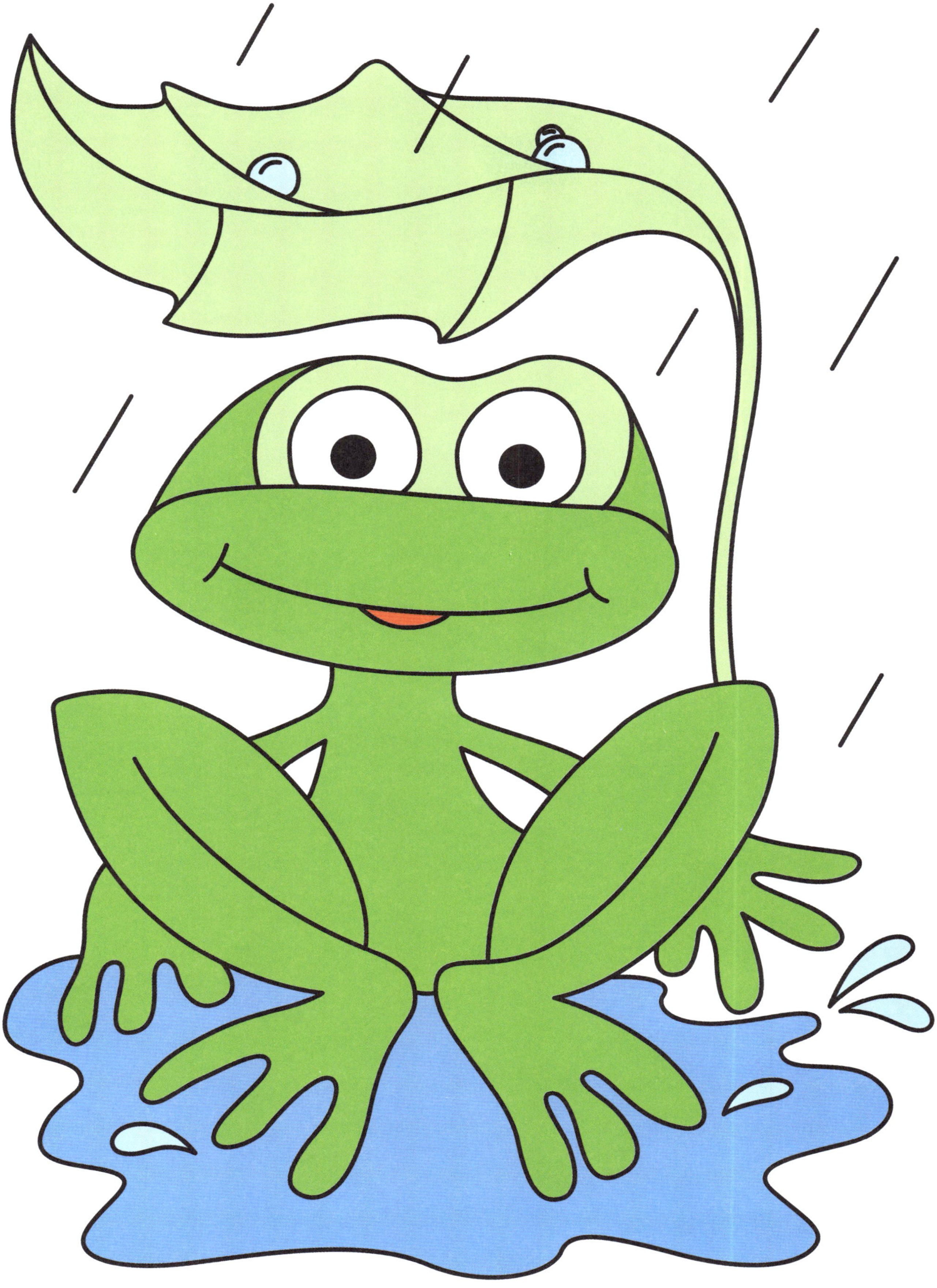

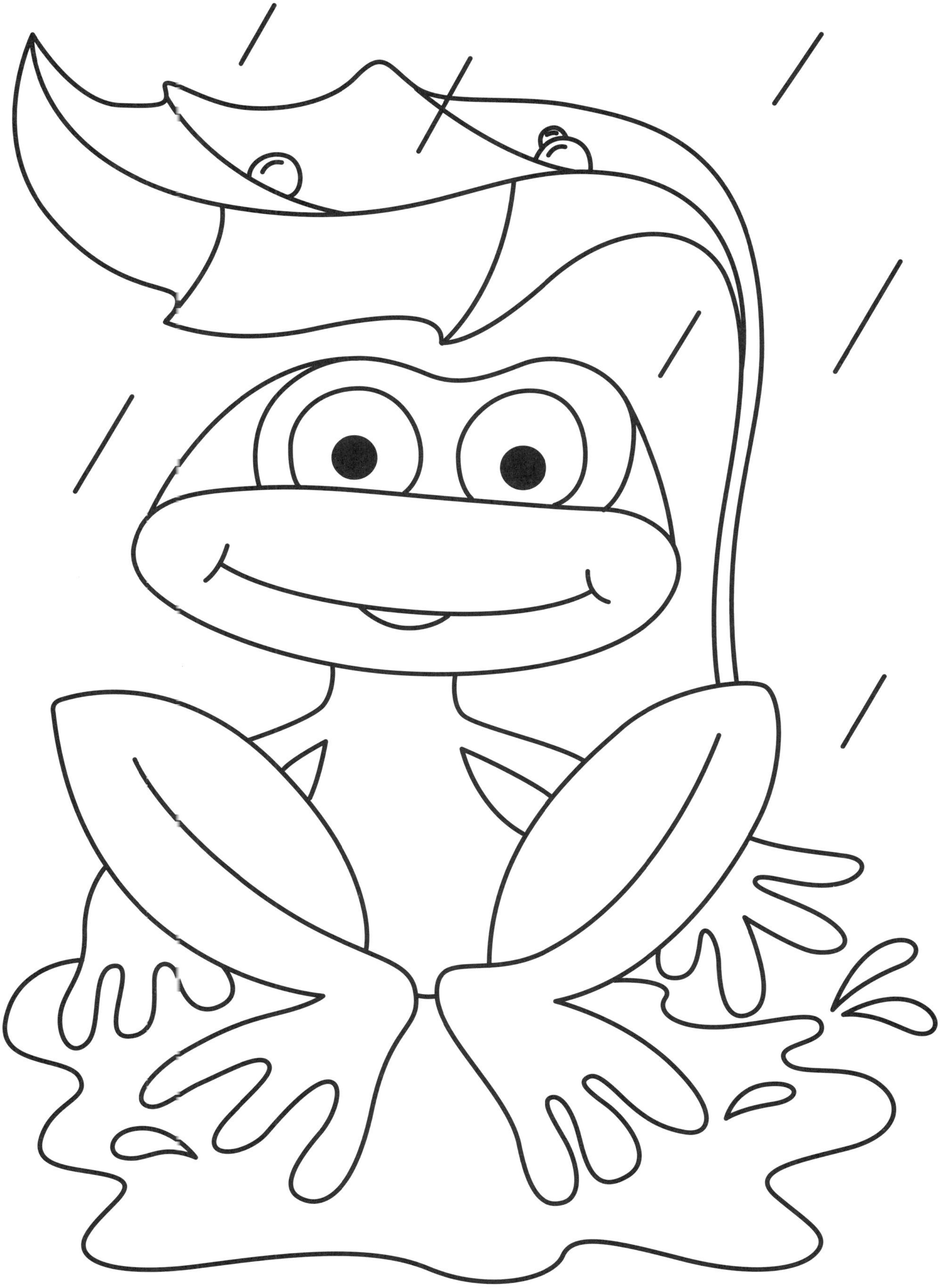

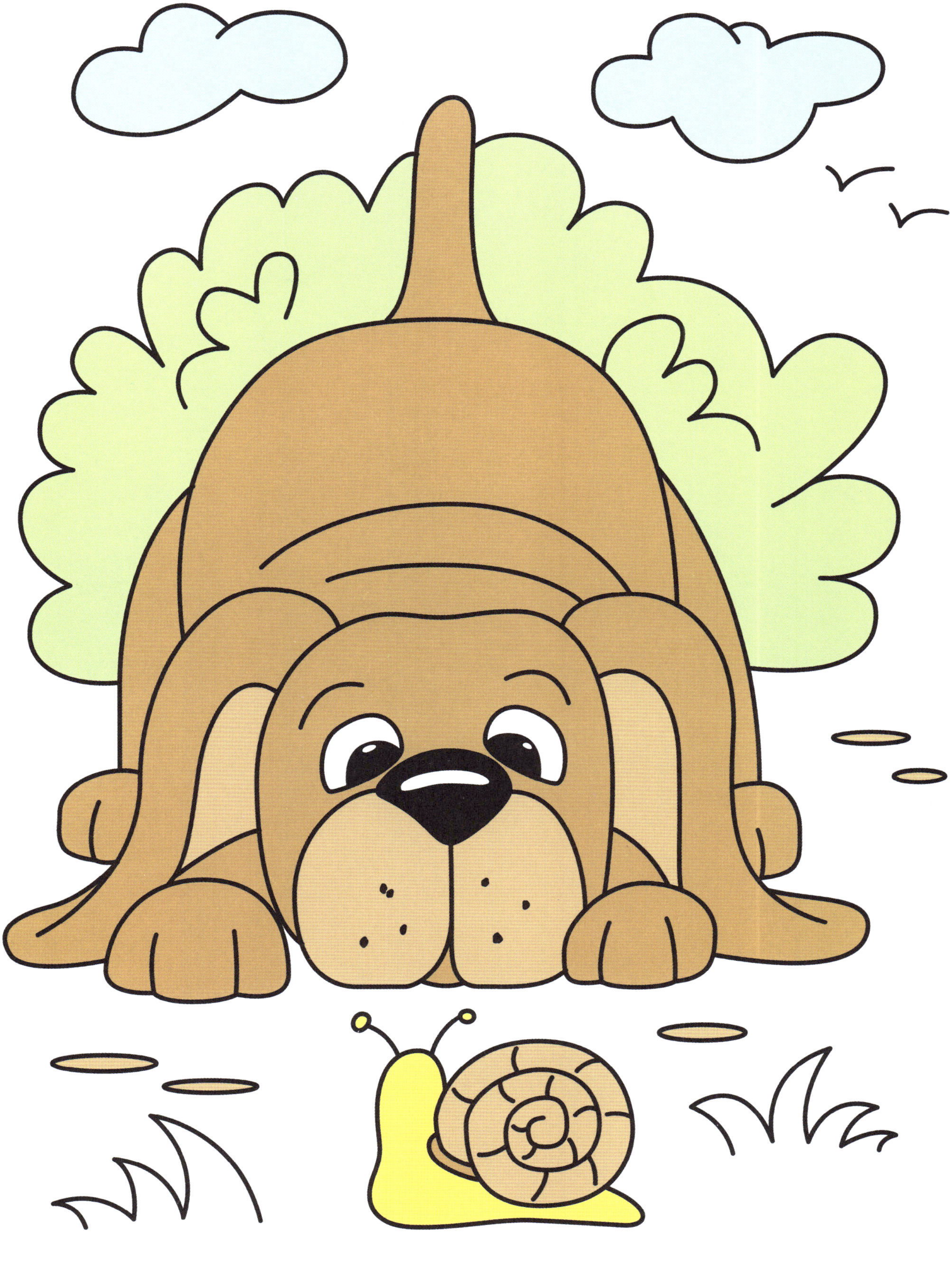

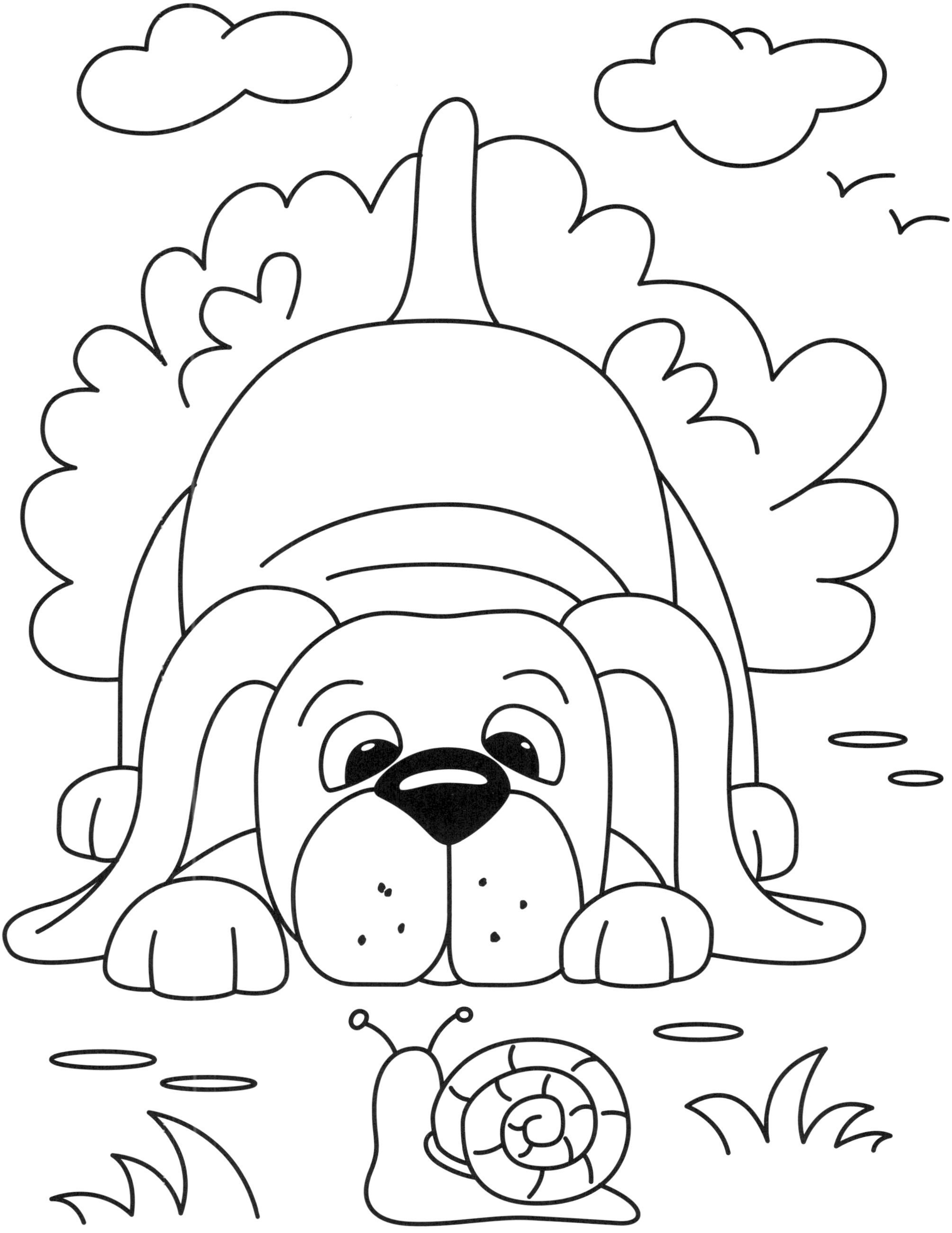

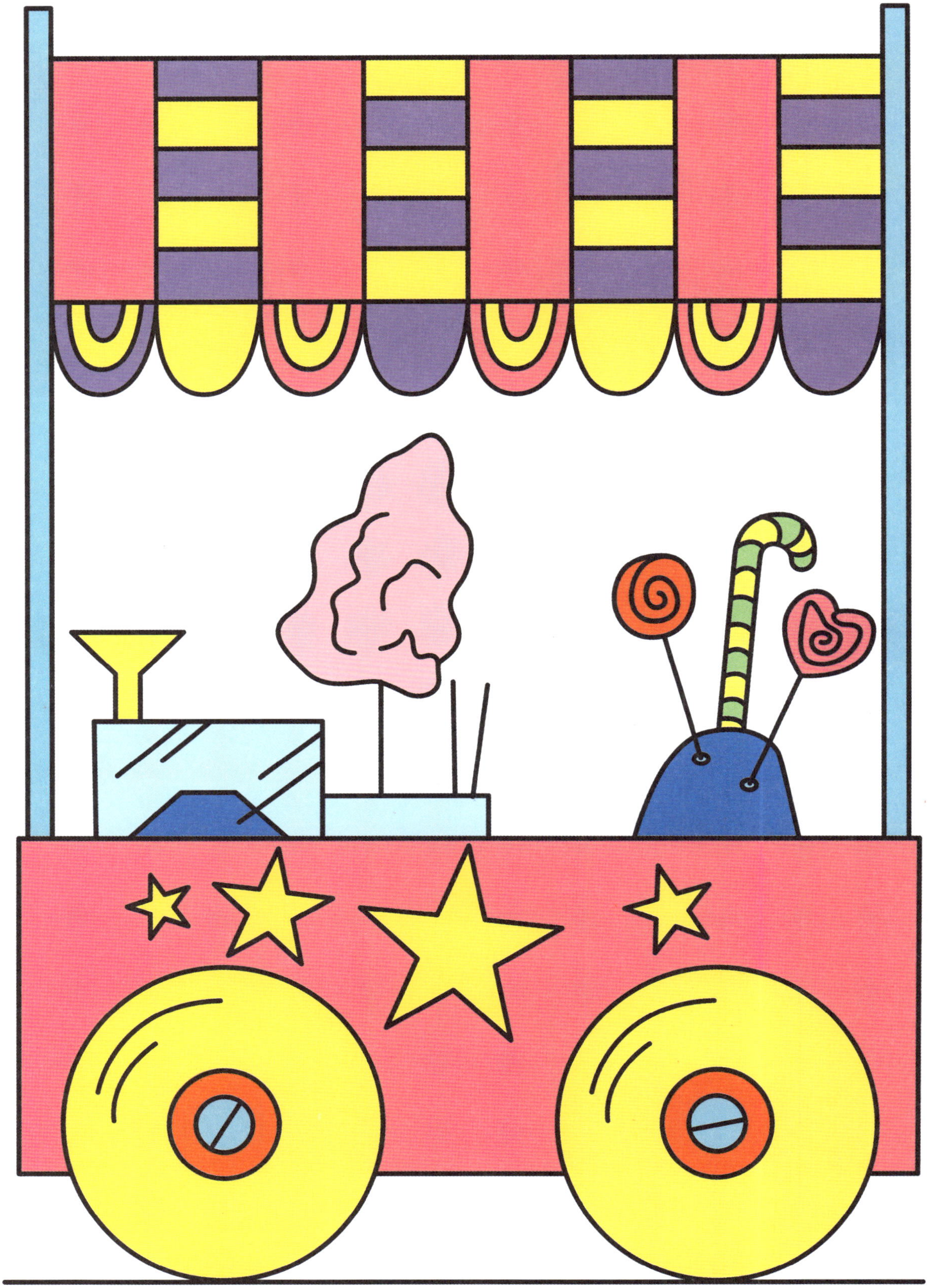

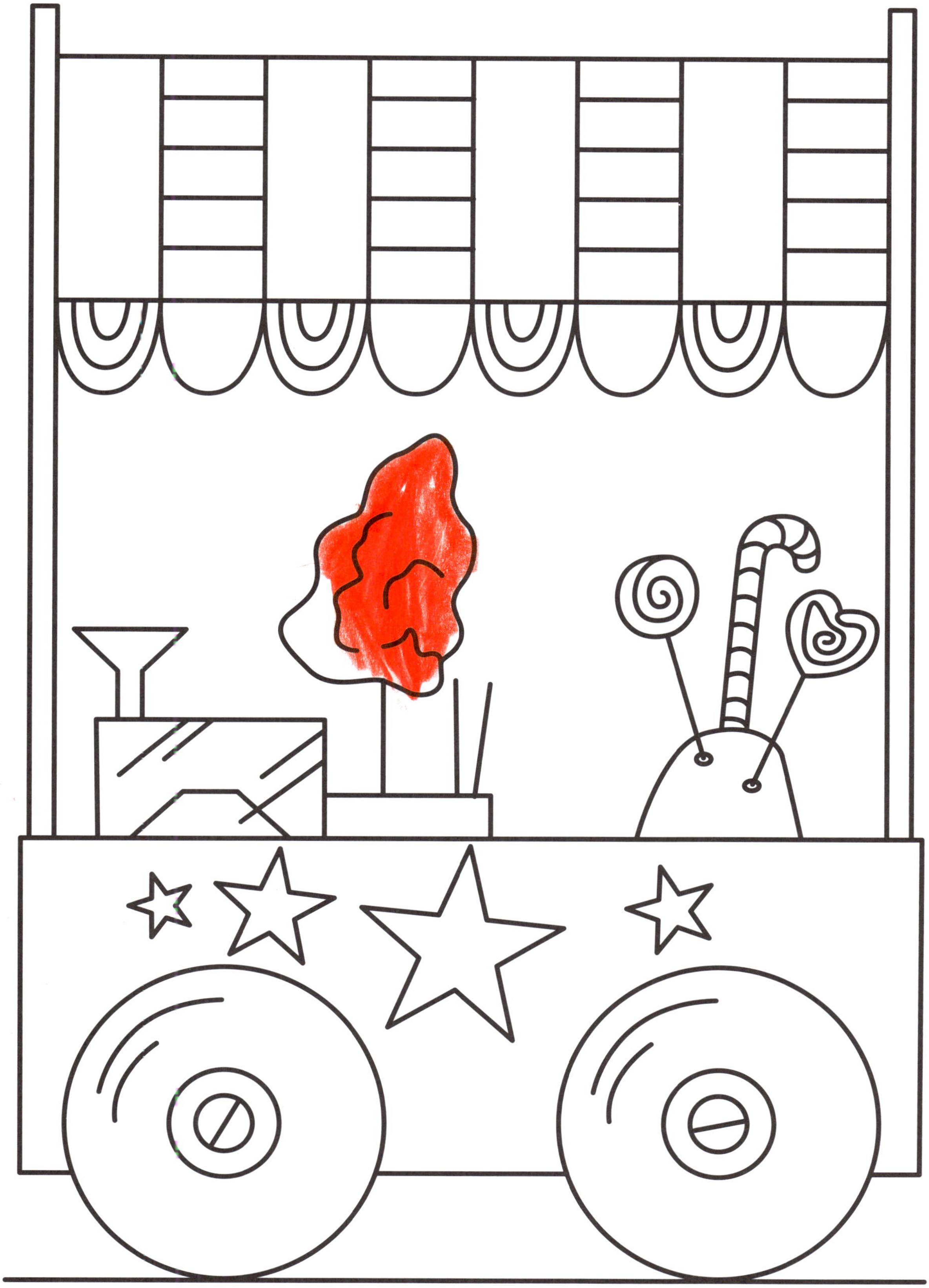

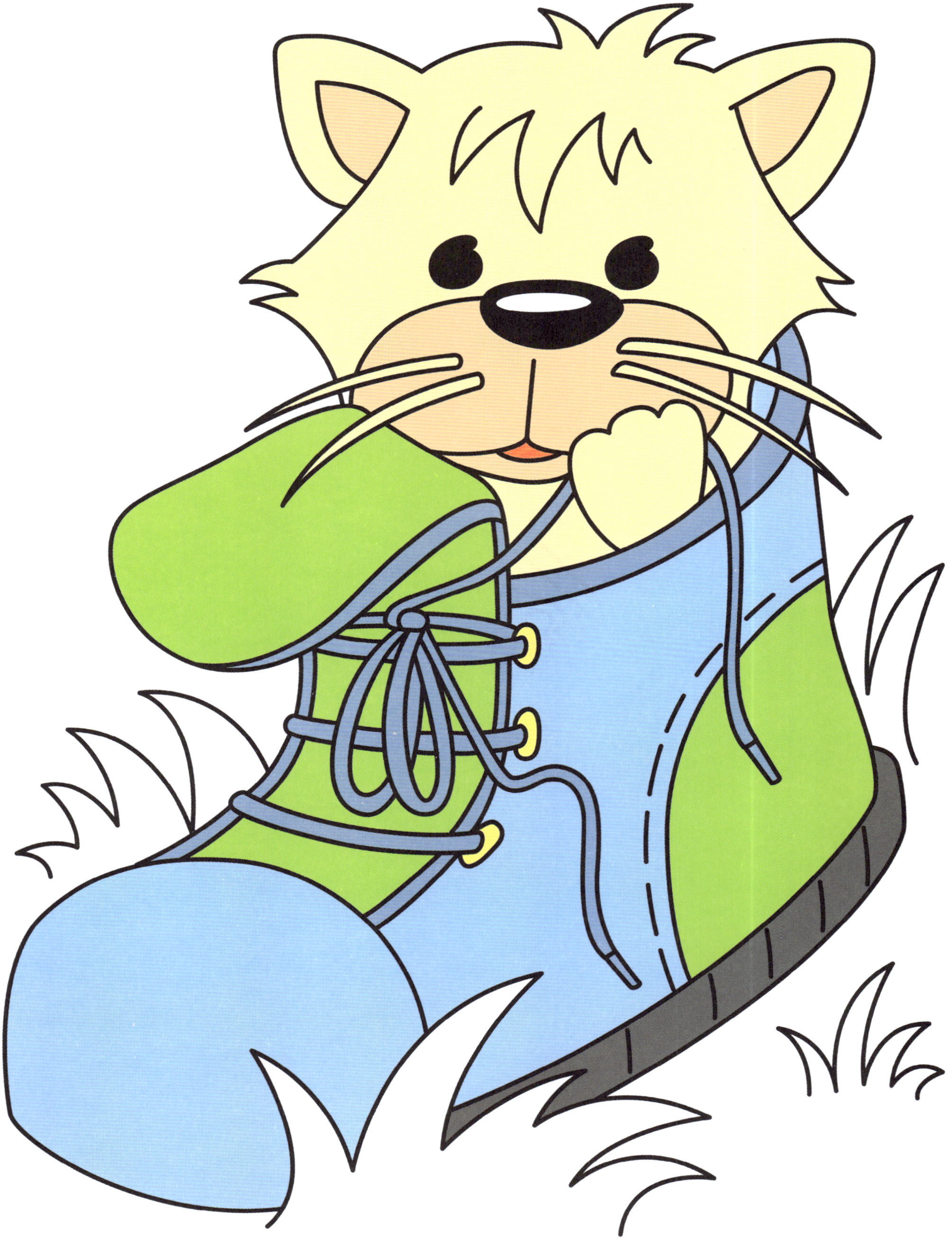

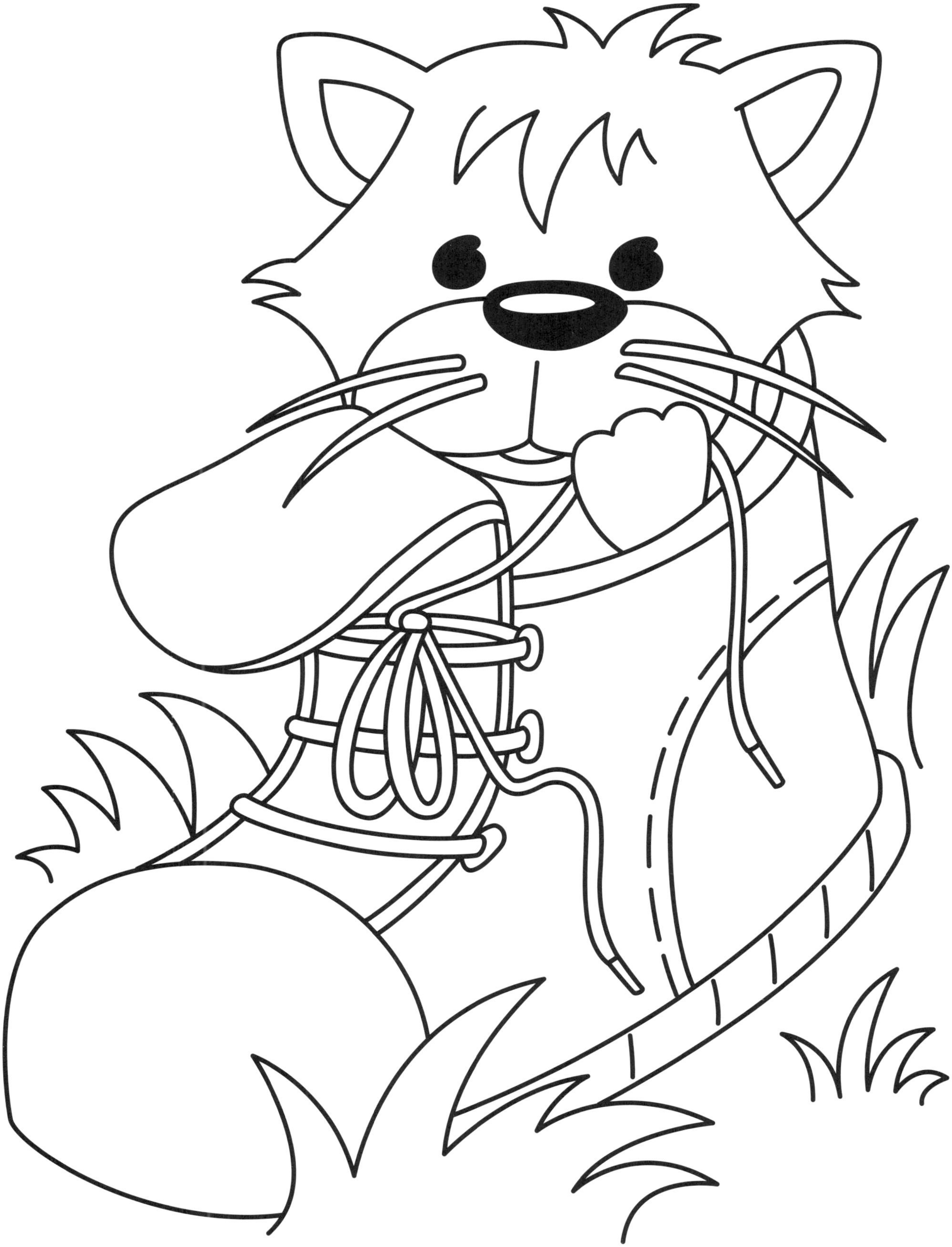

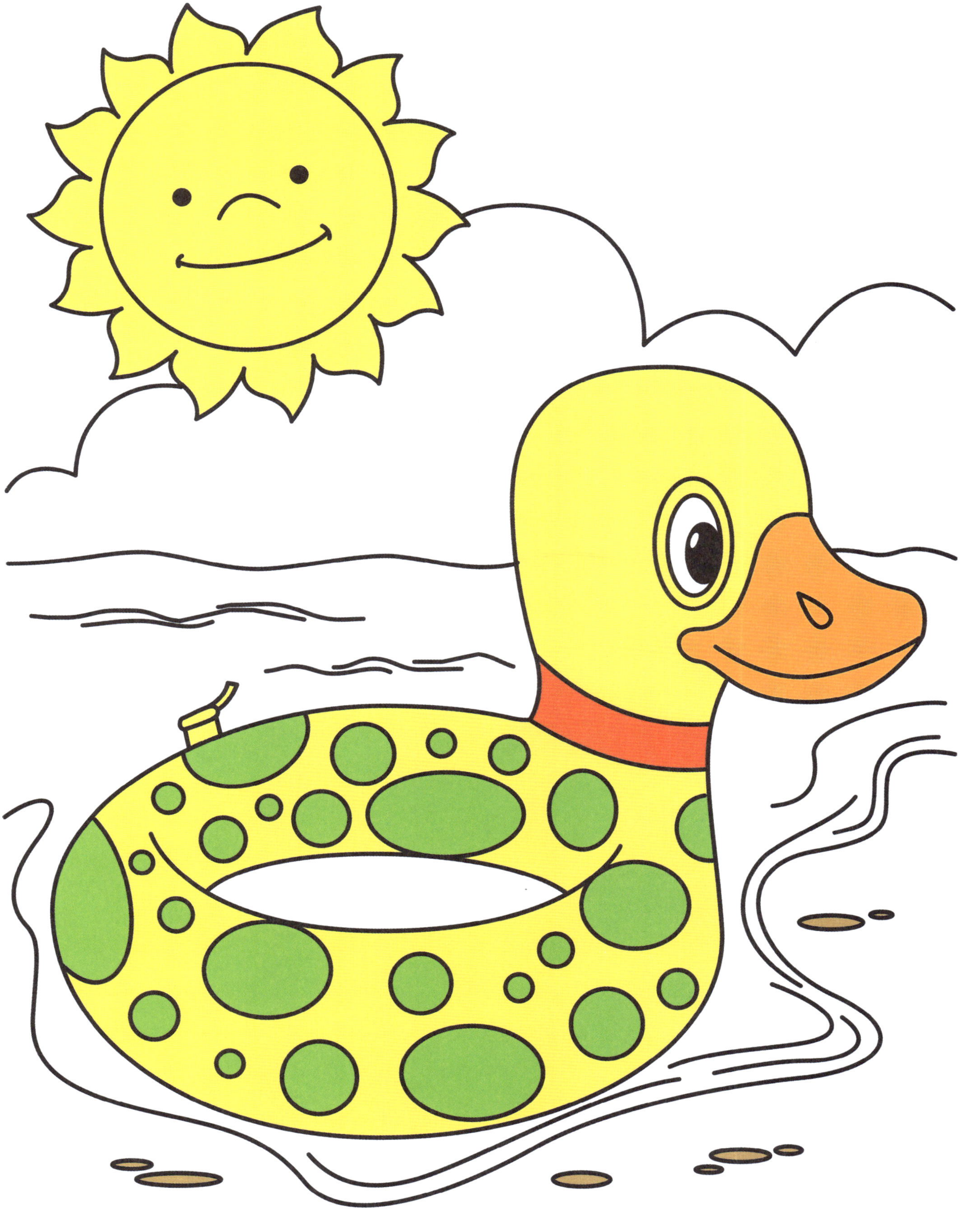

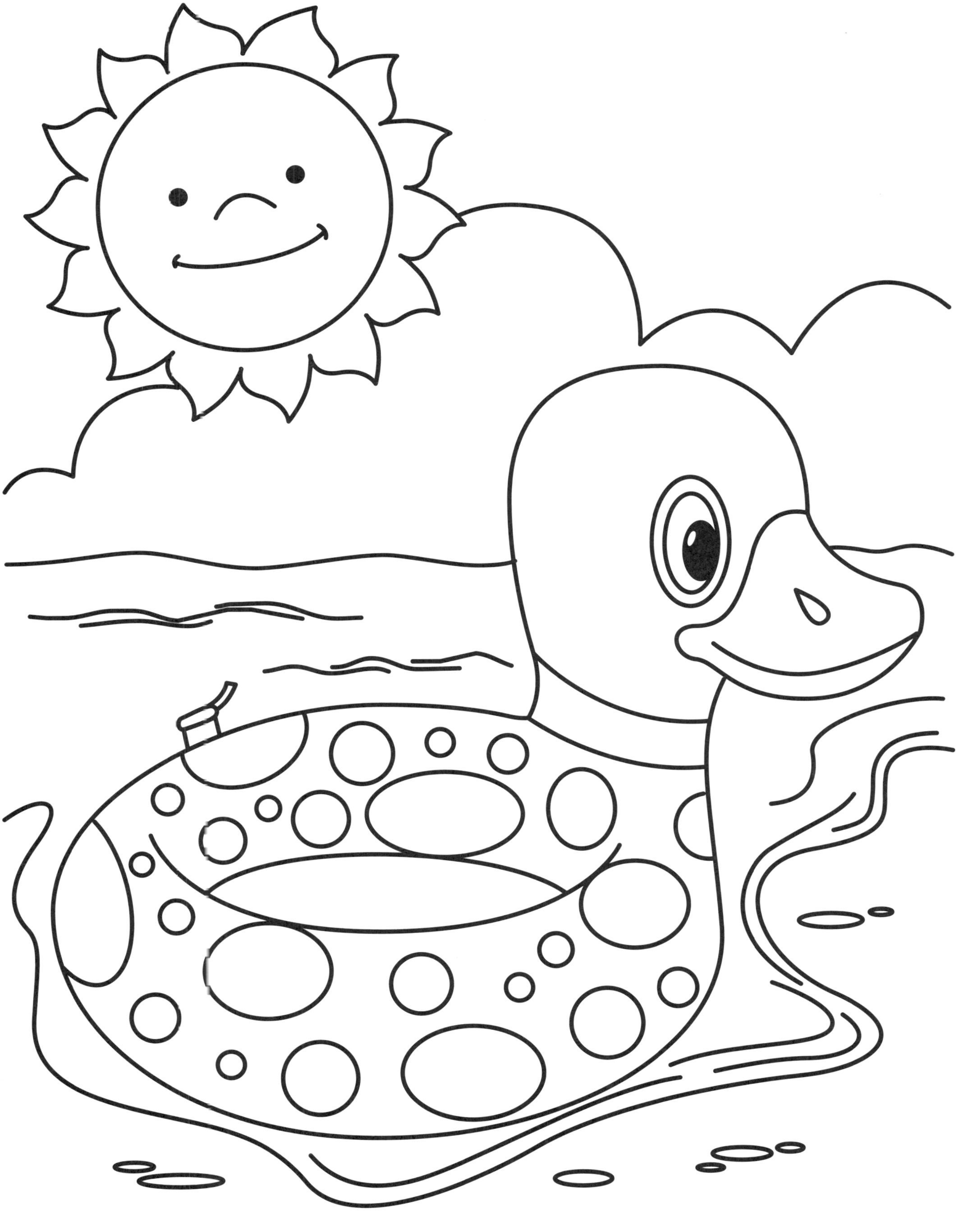

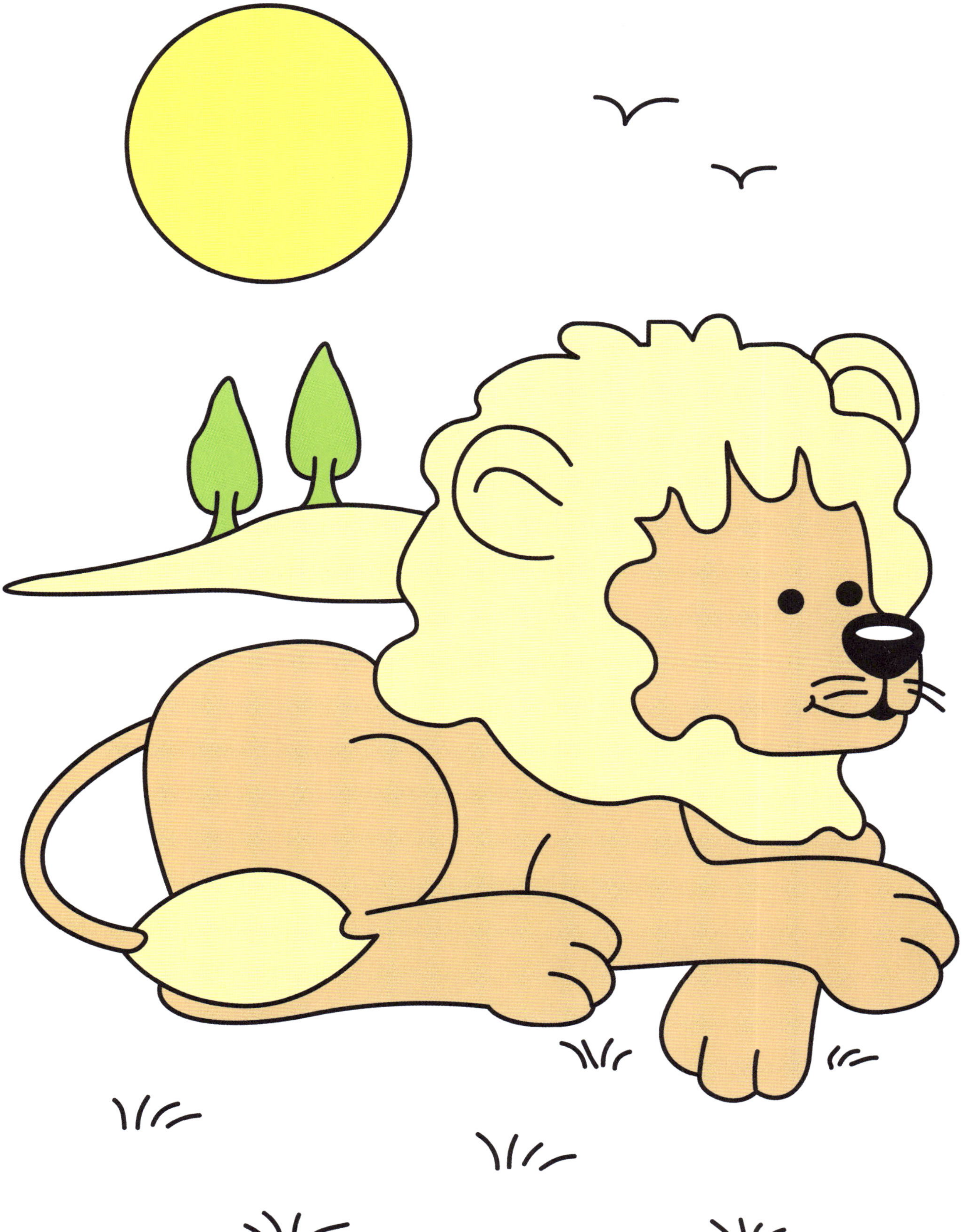

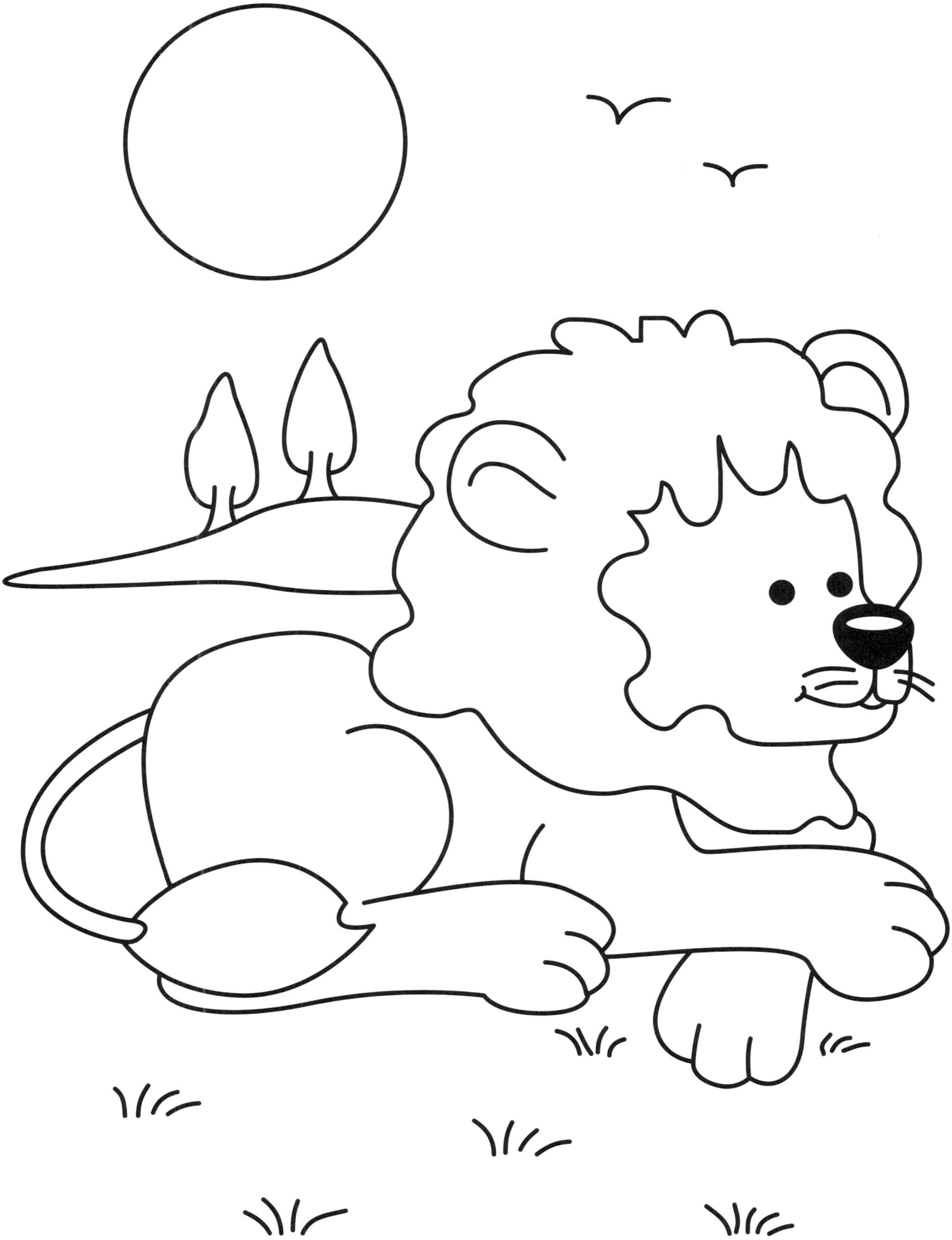

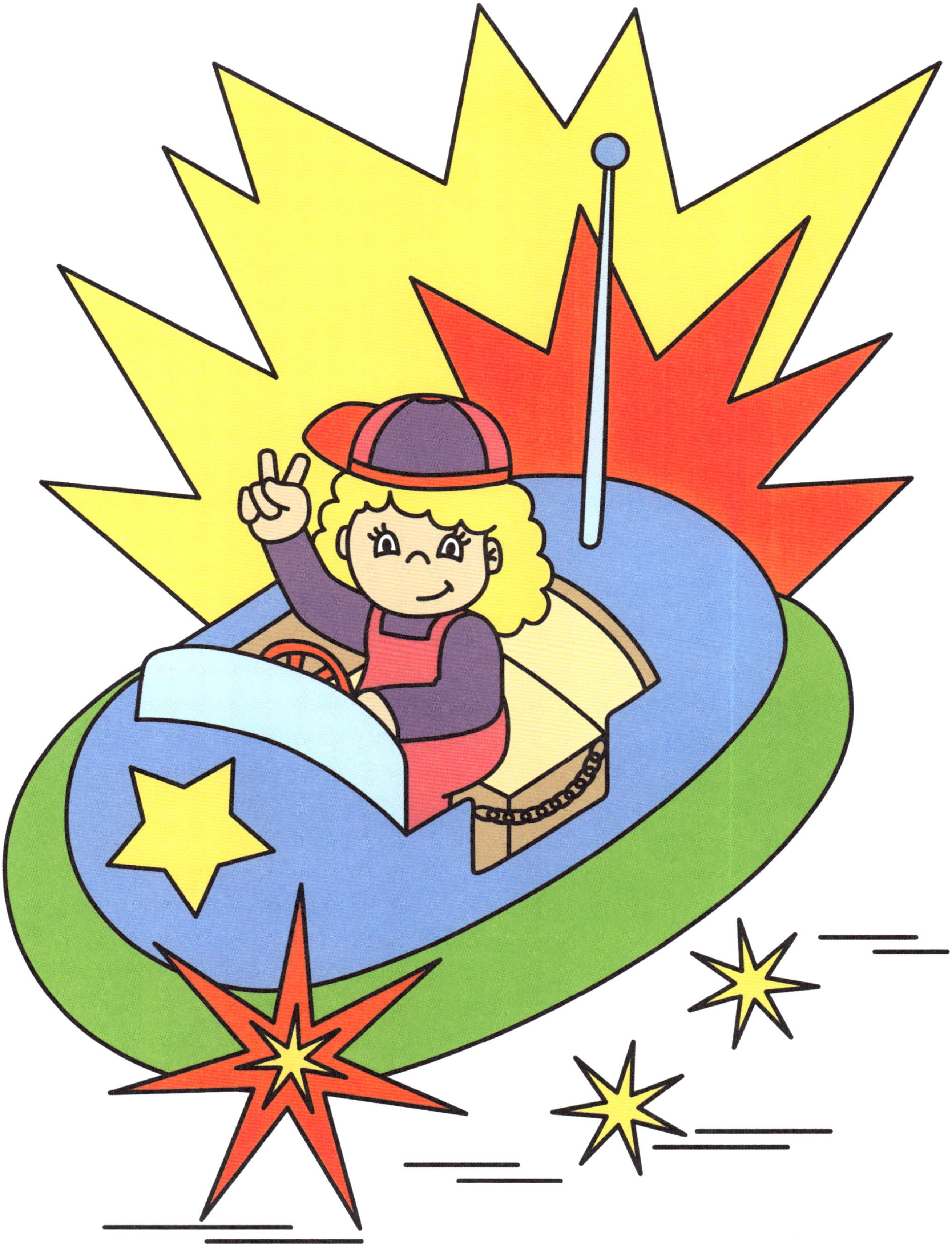

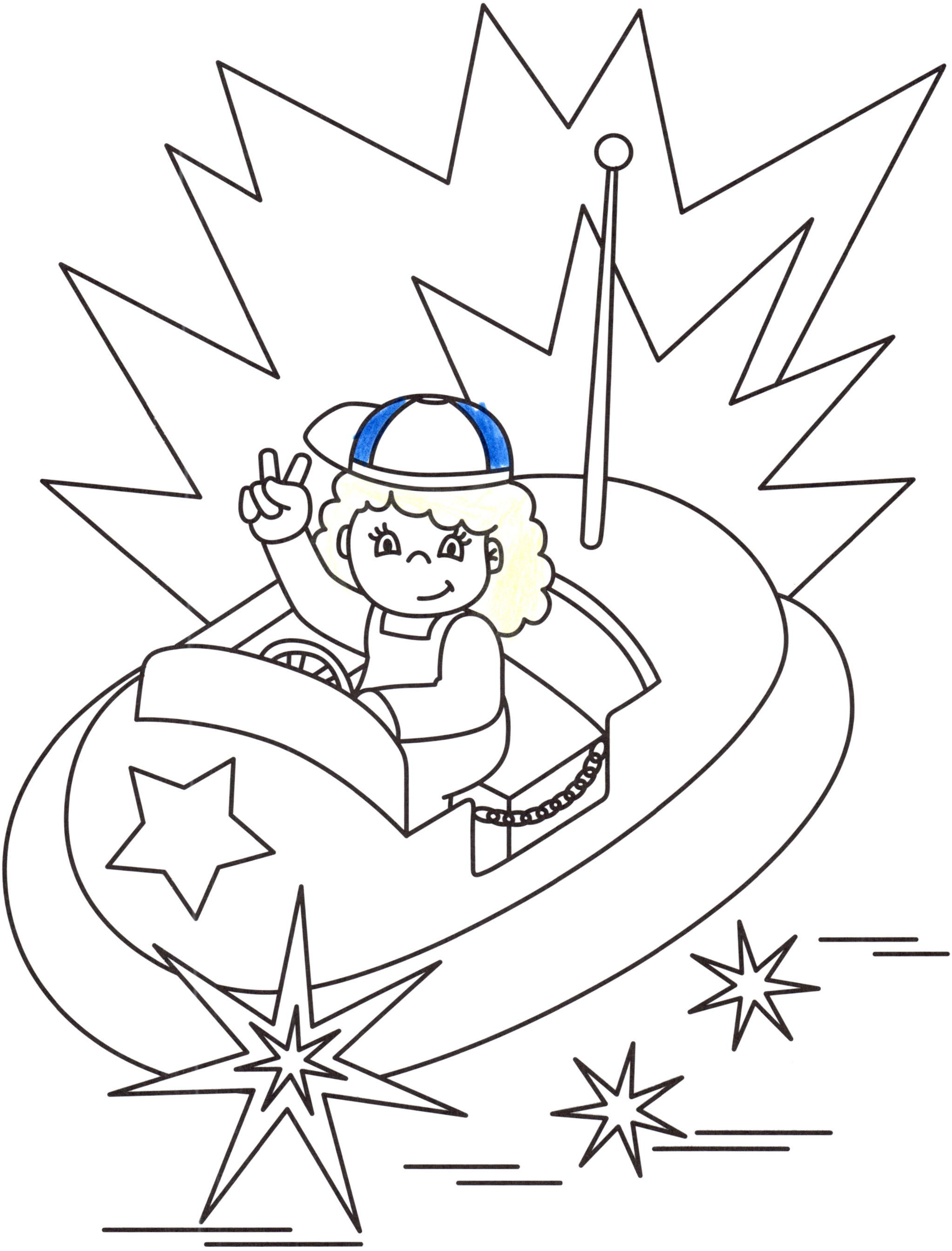

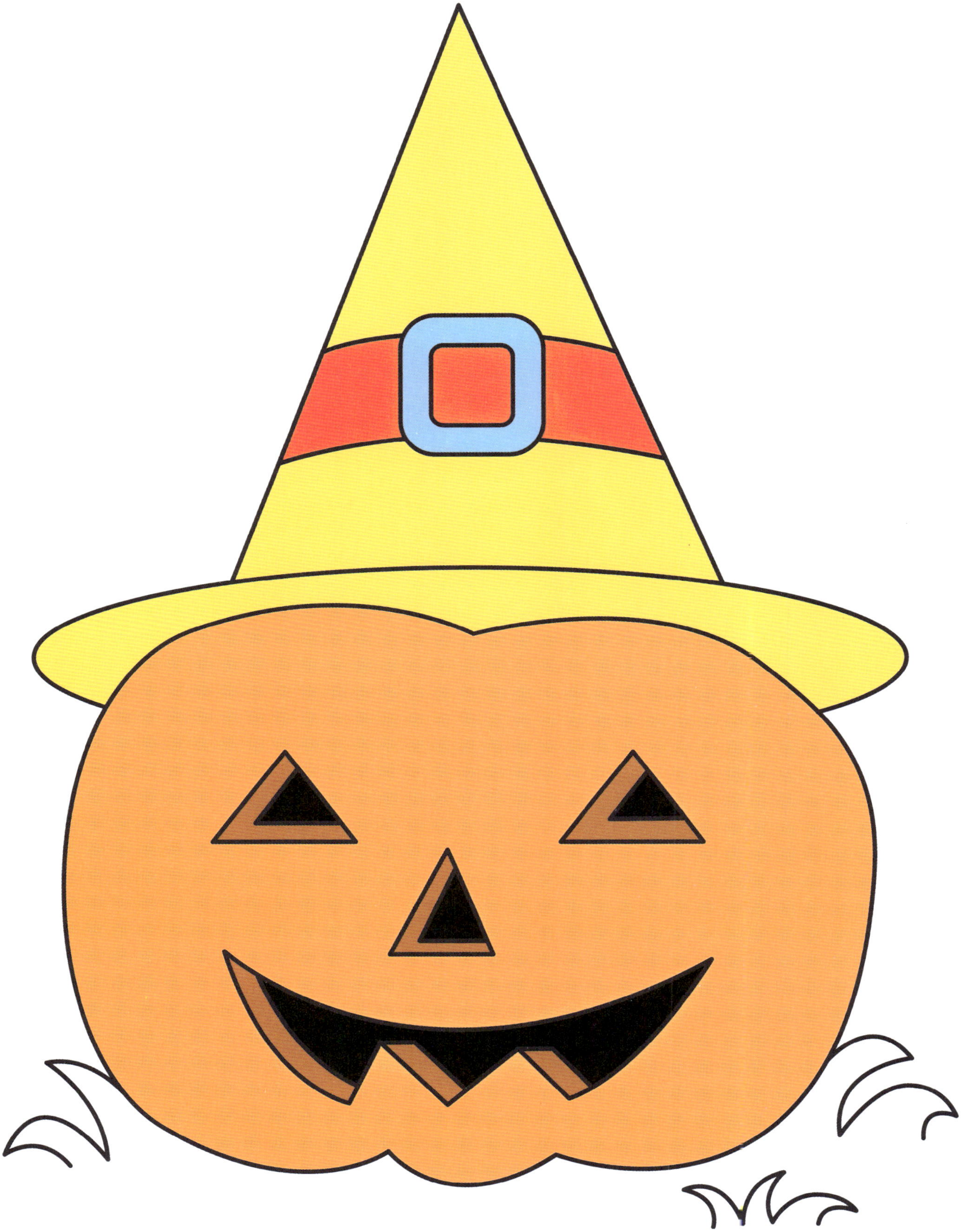

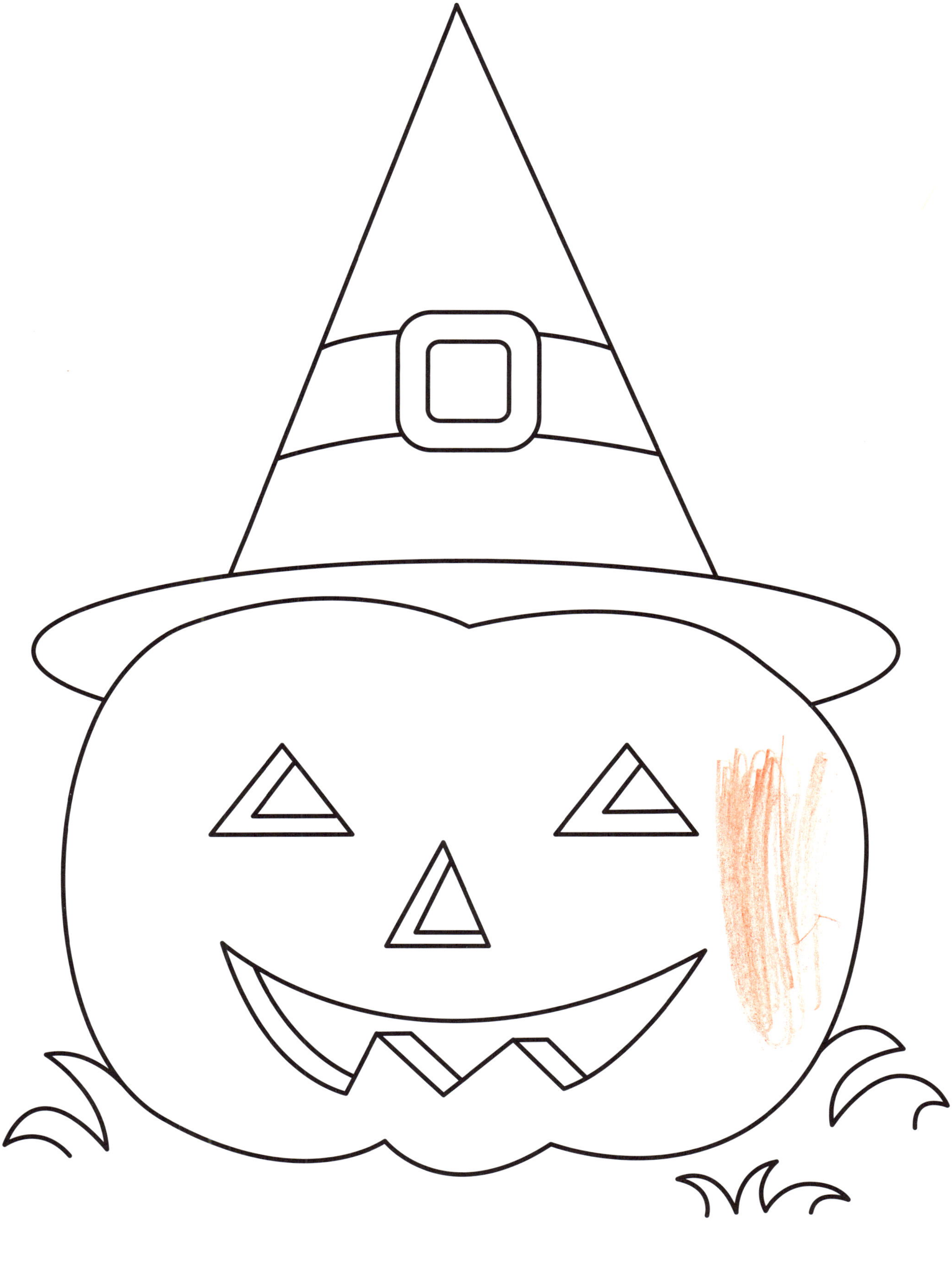

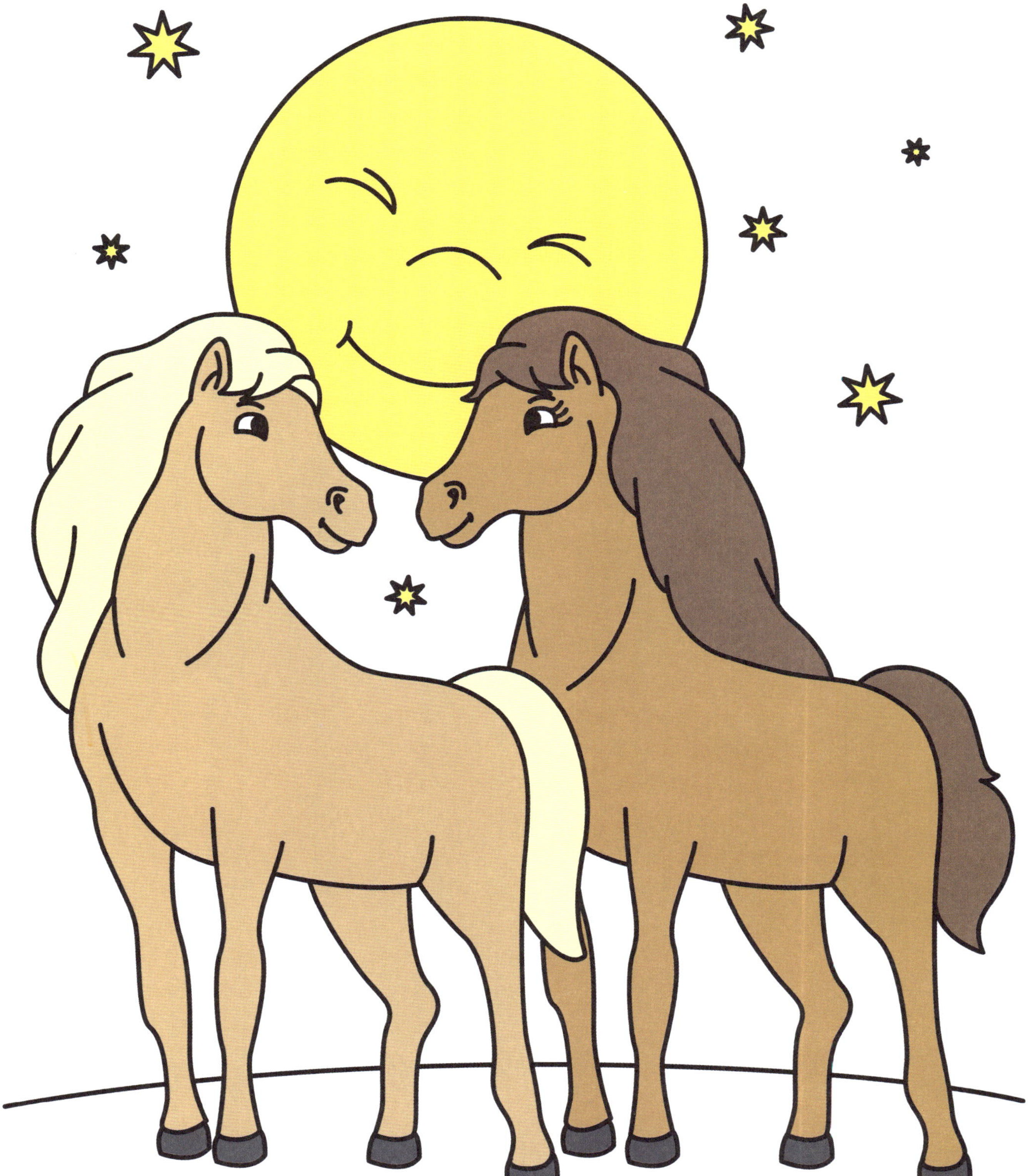

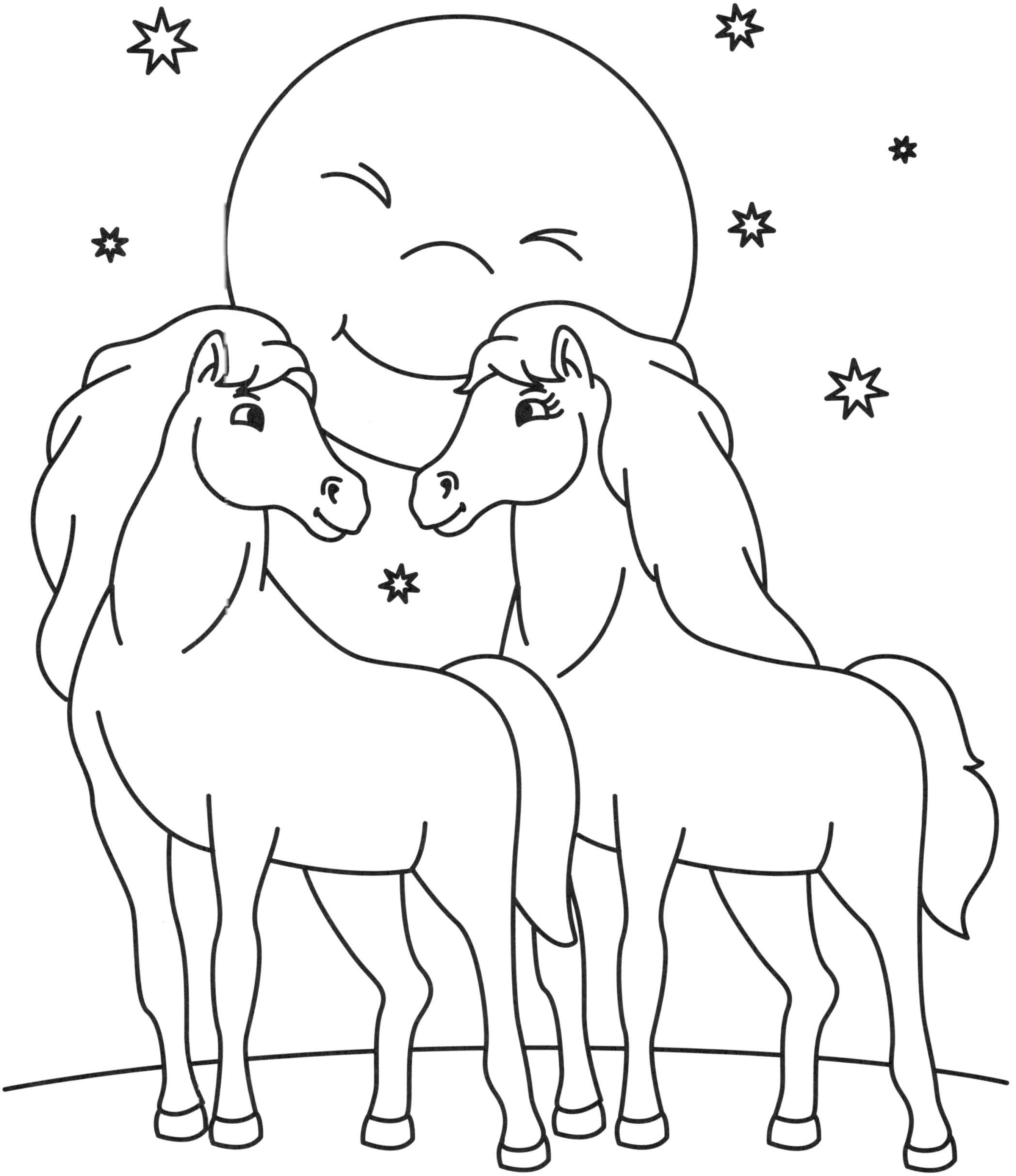

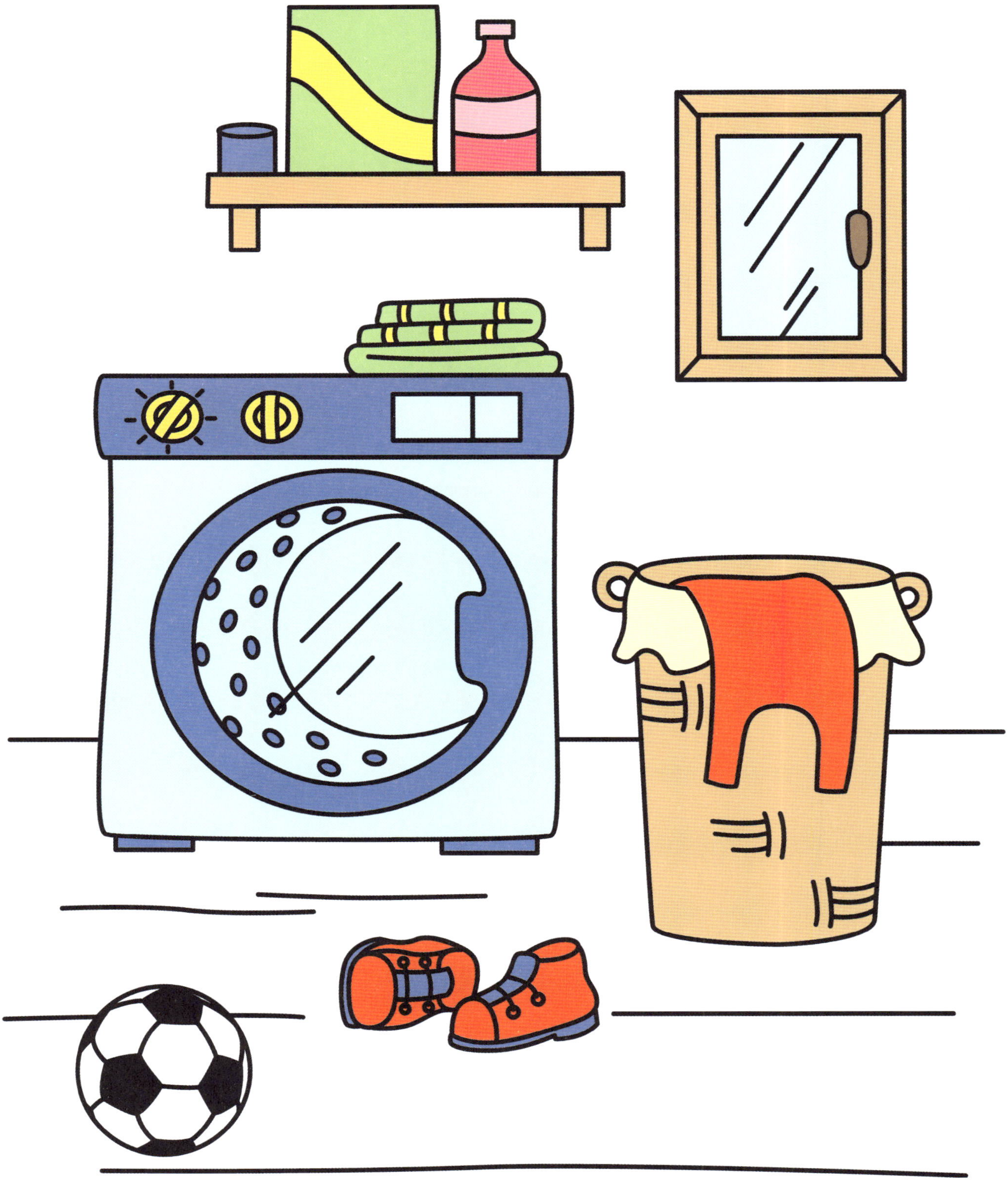

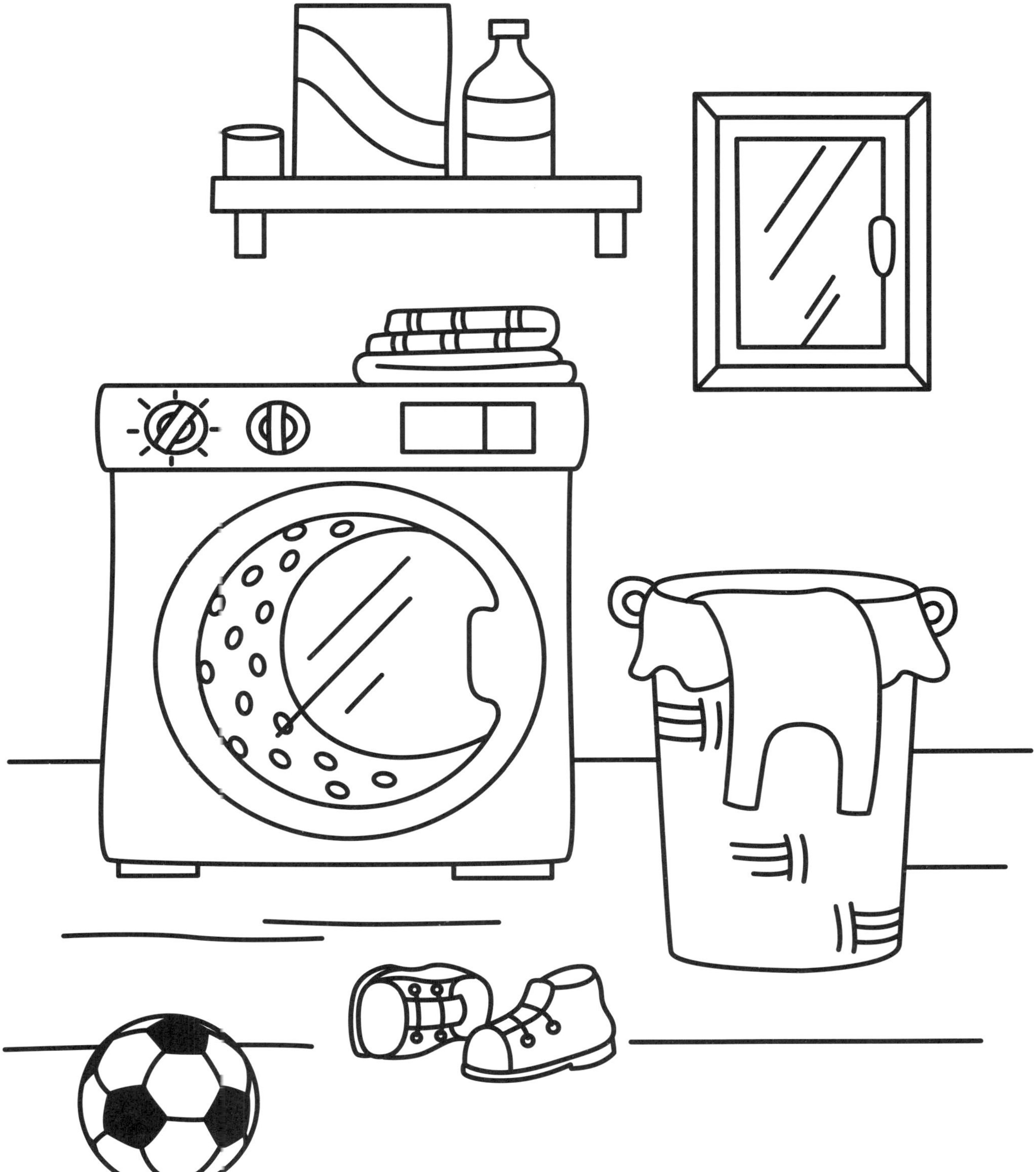

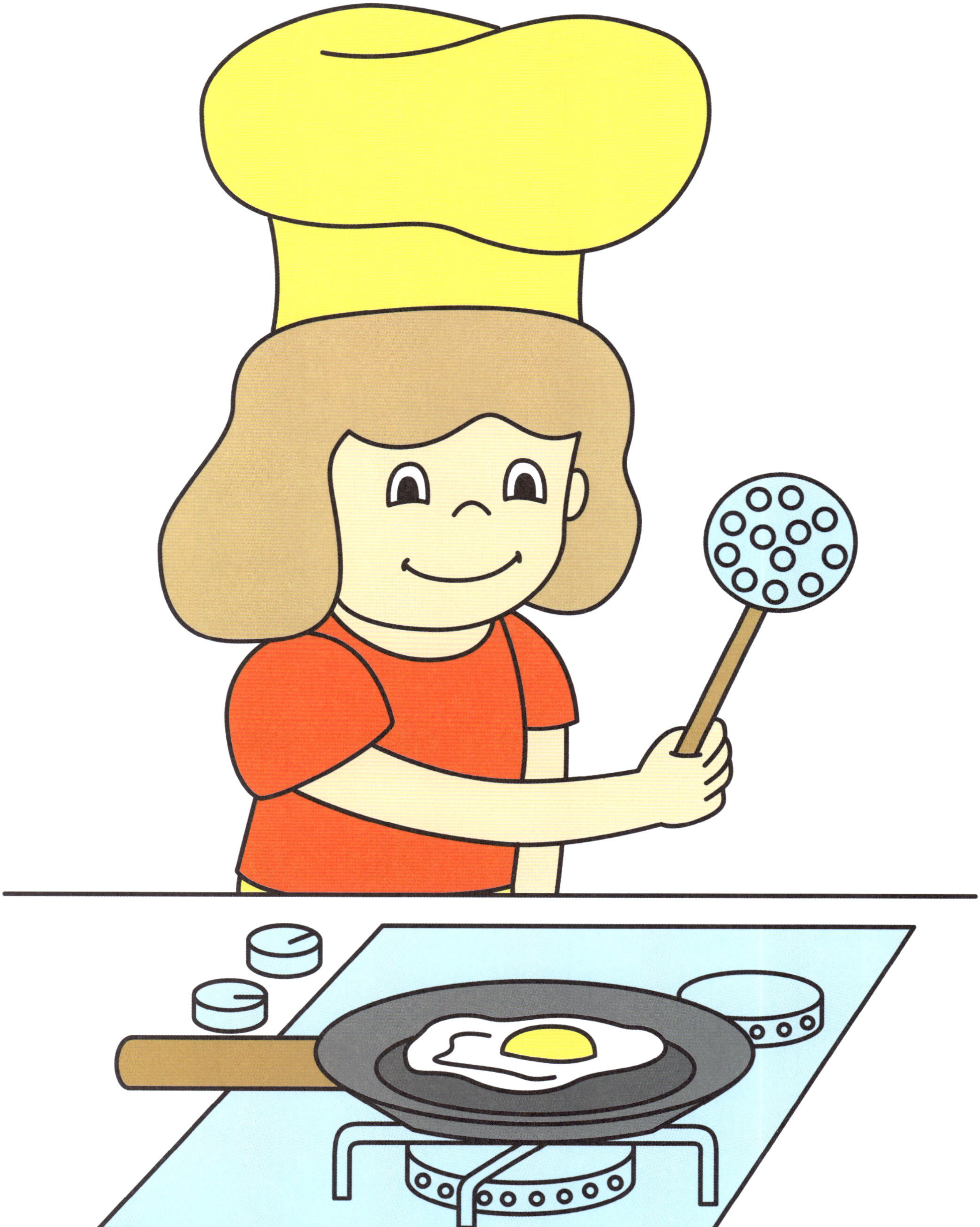

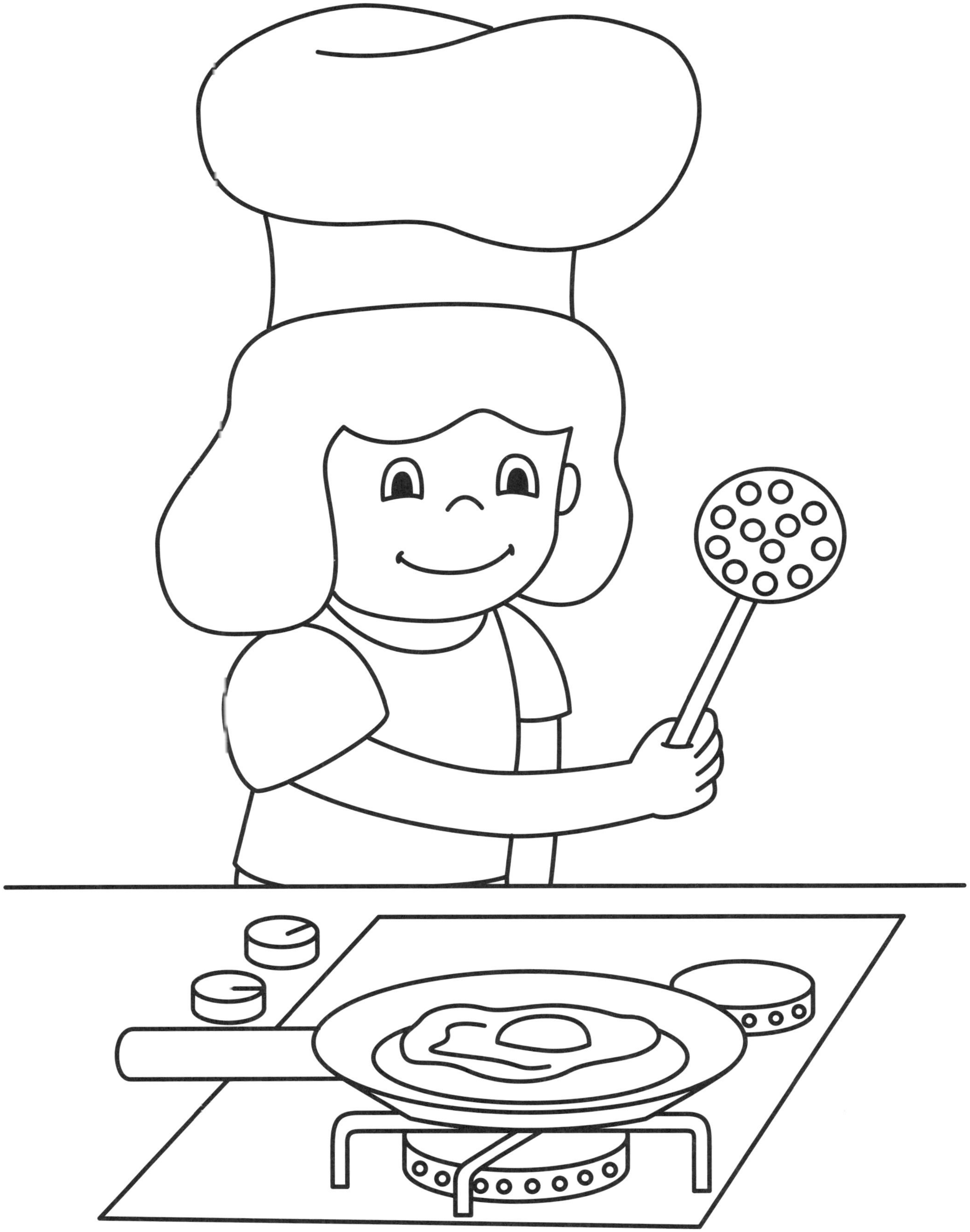

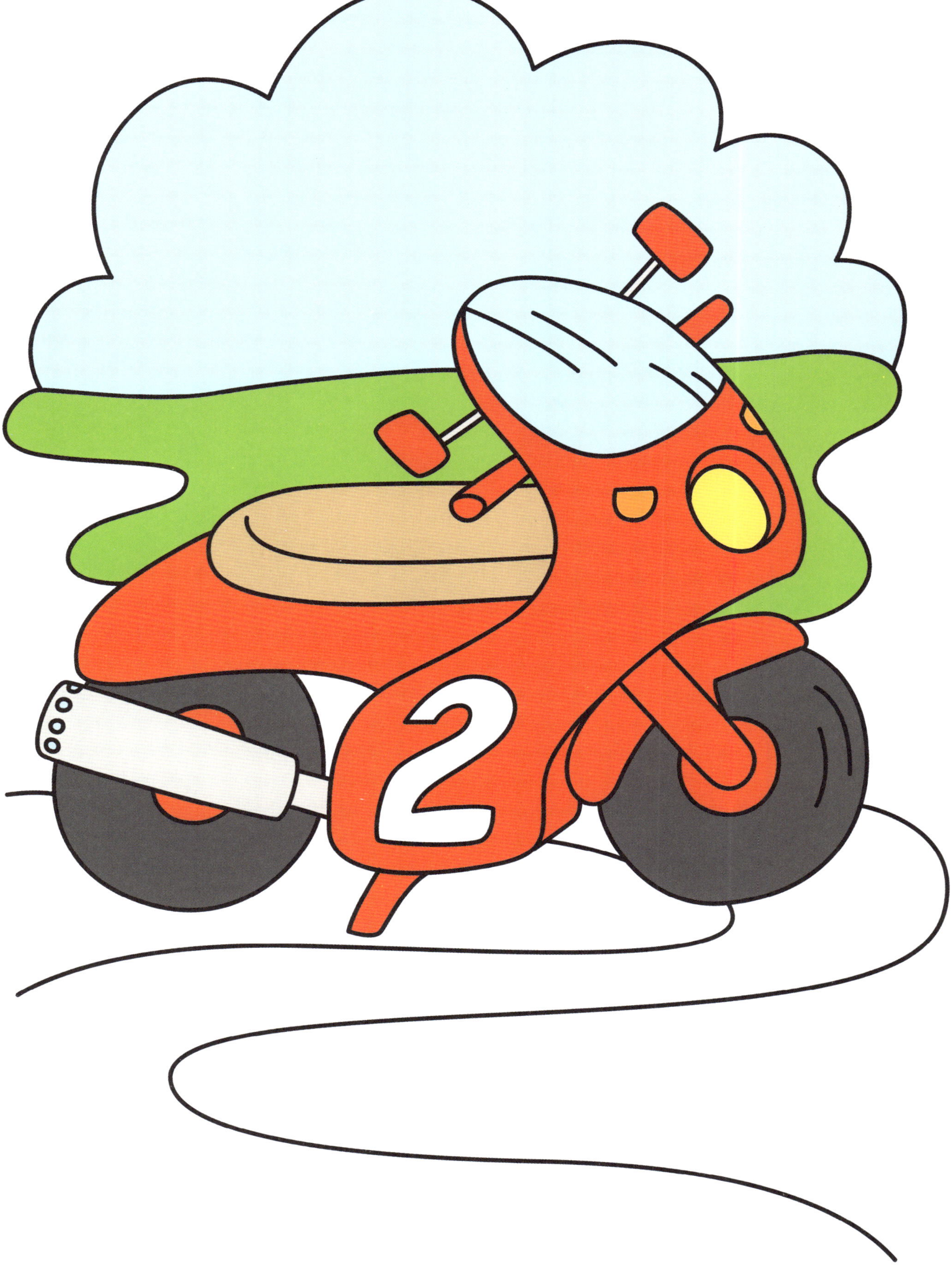
2

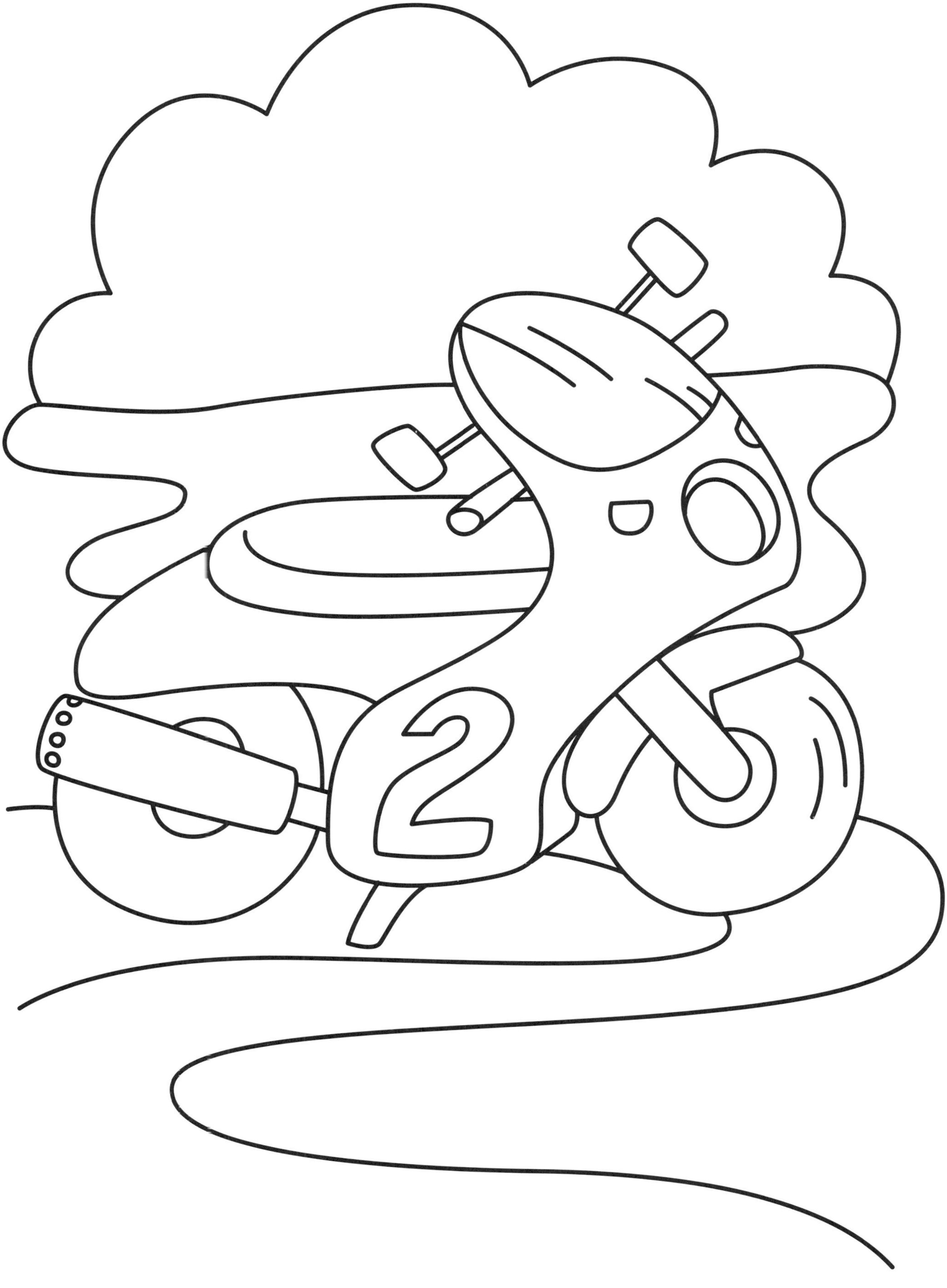
2

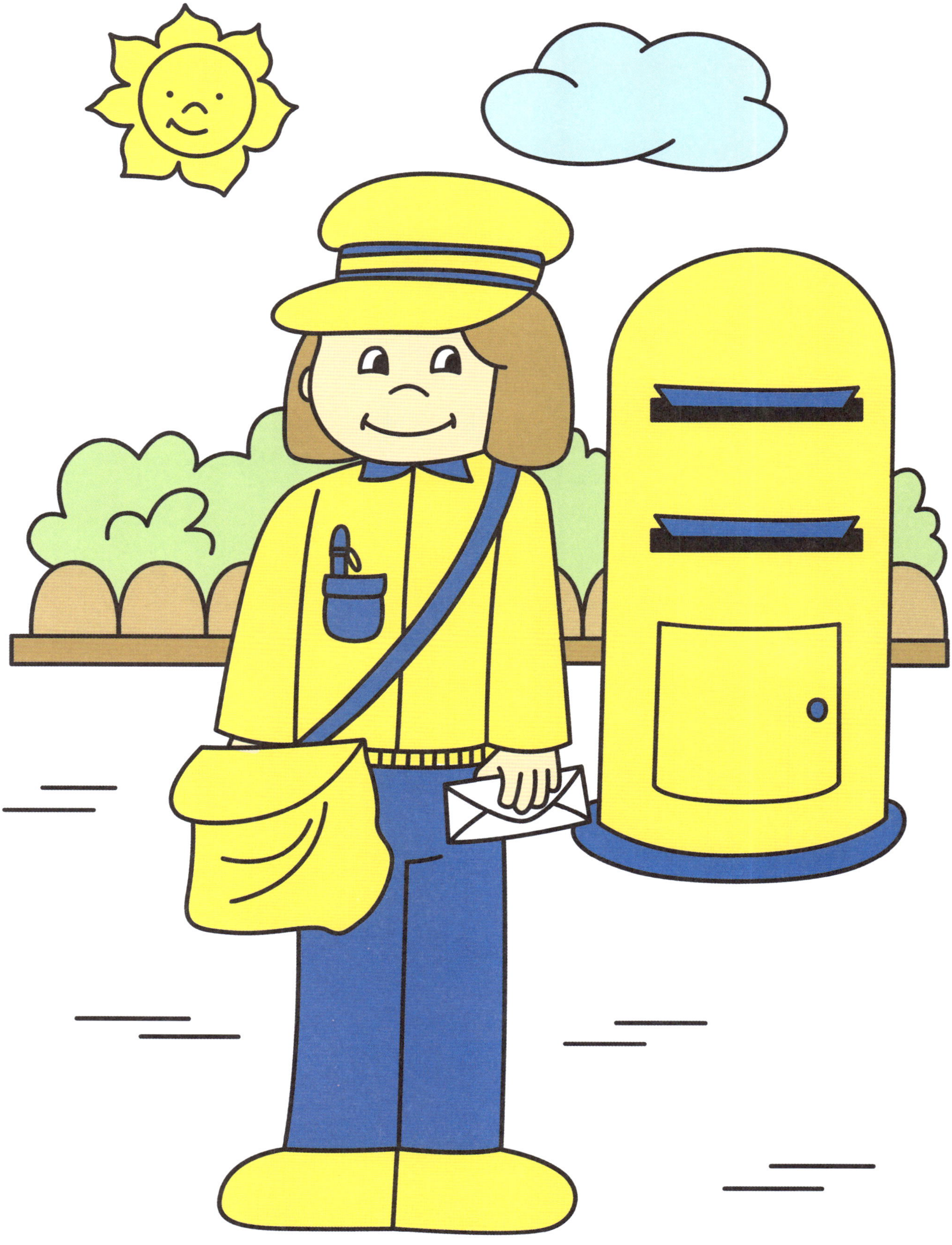

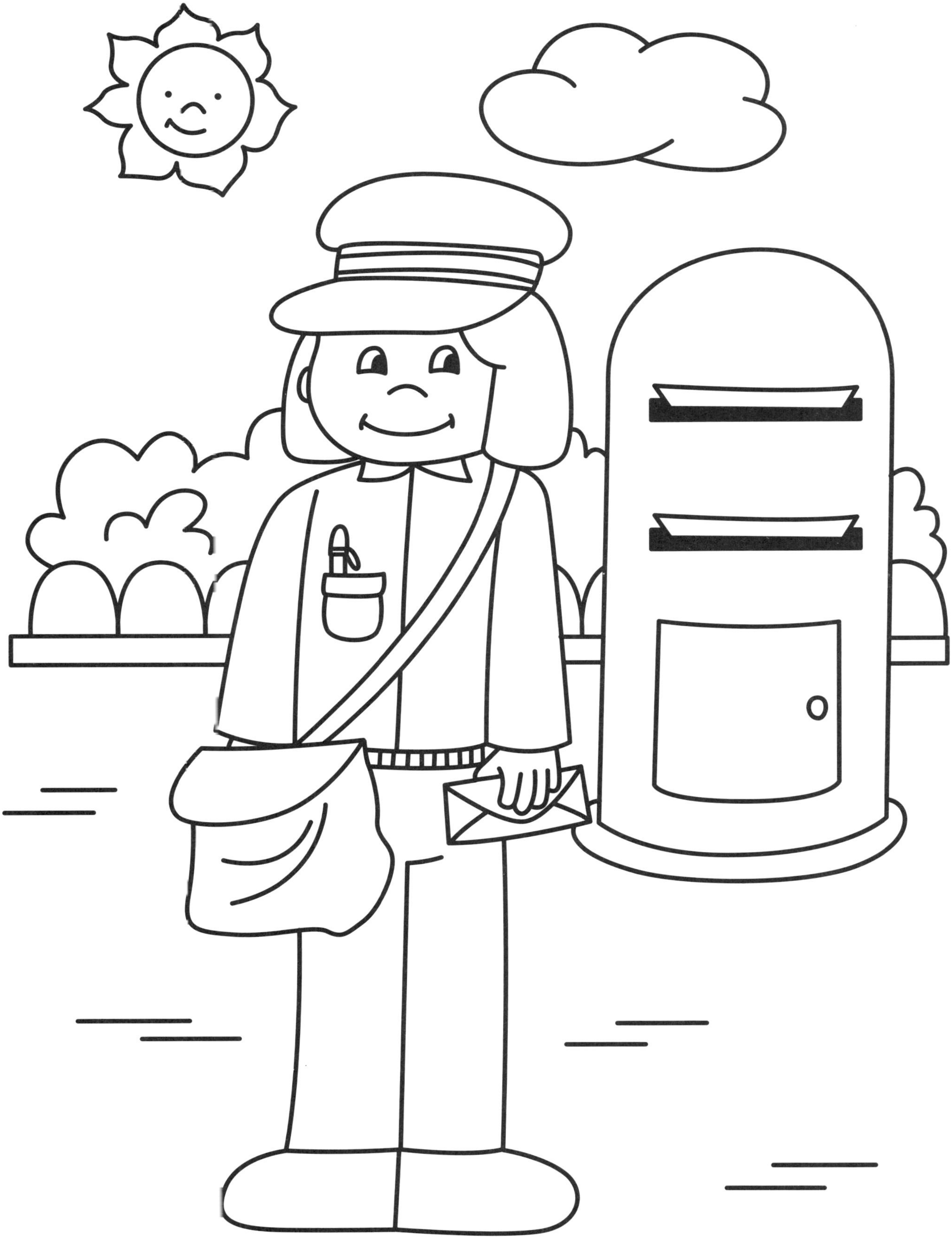

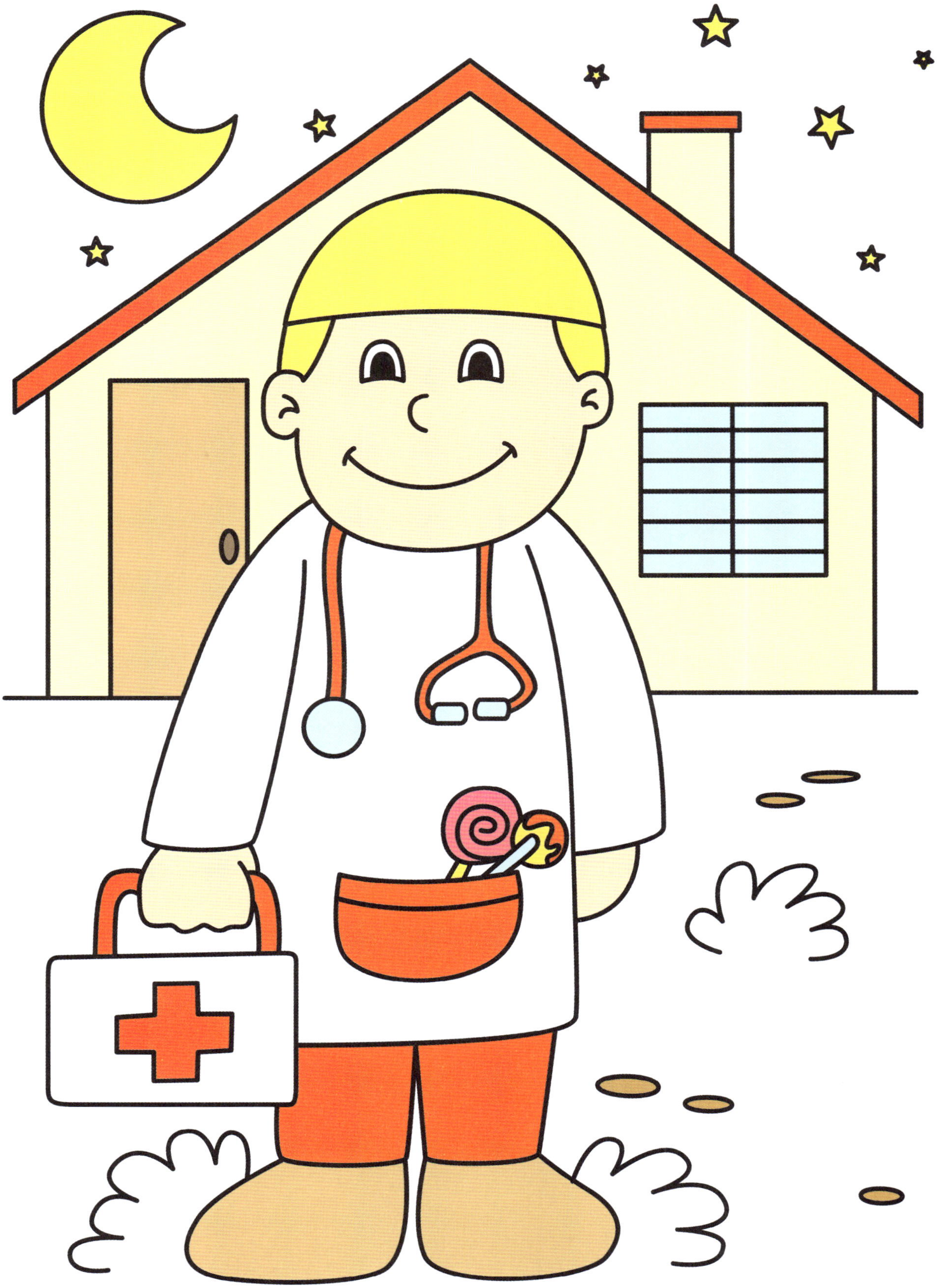

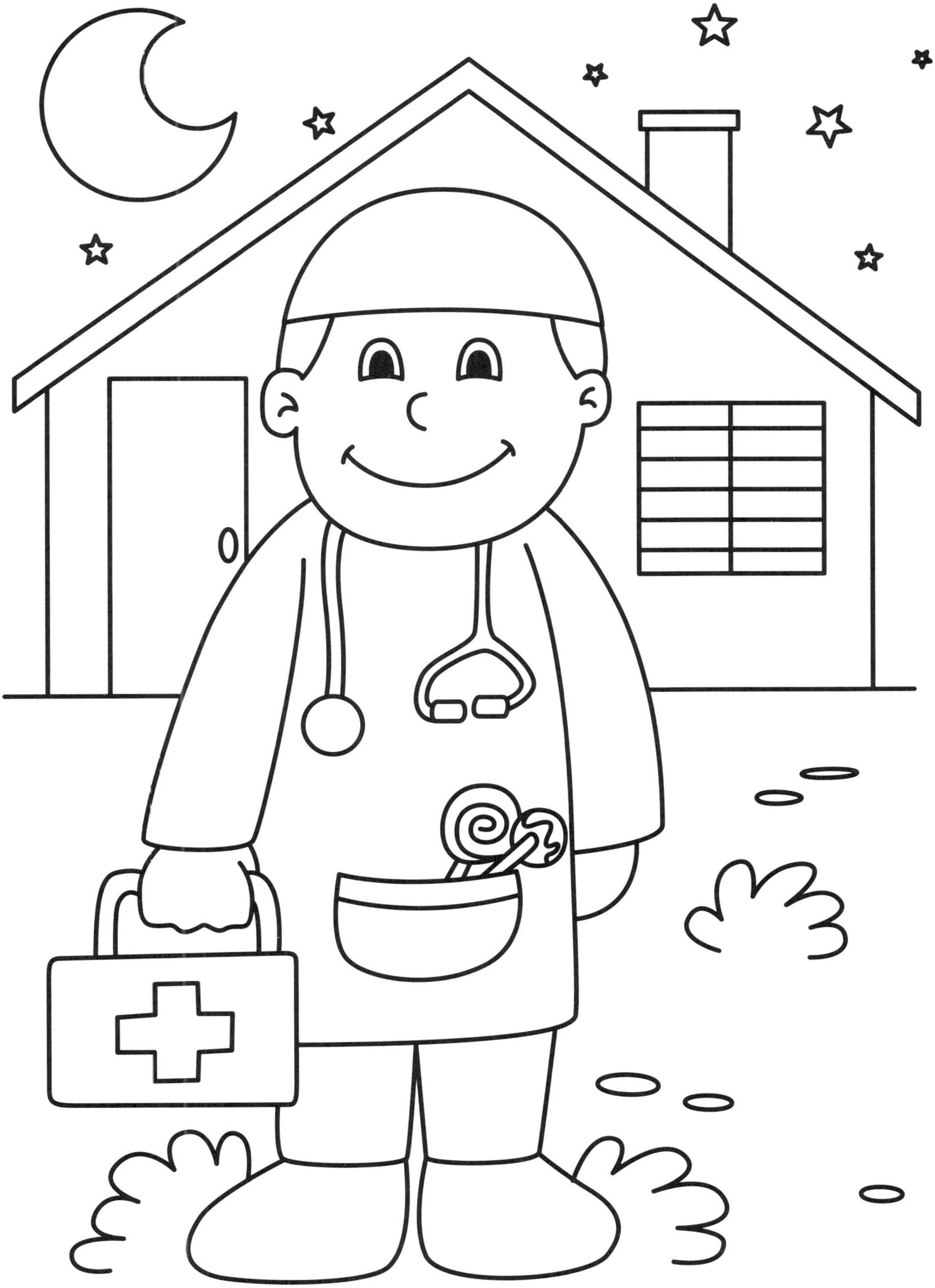

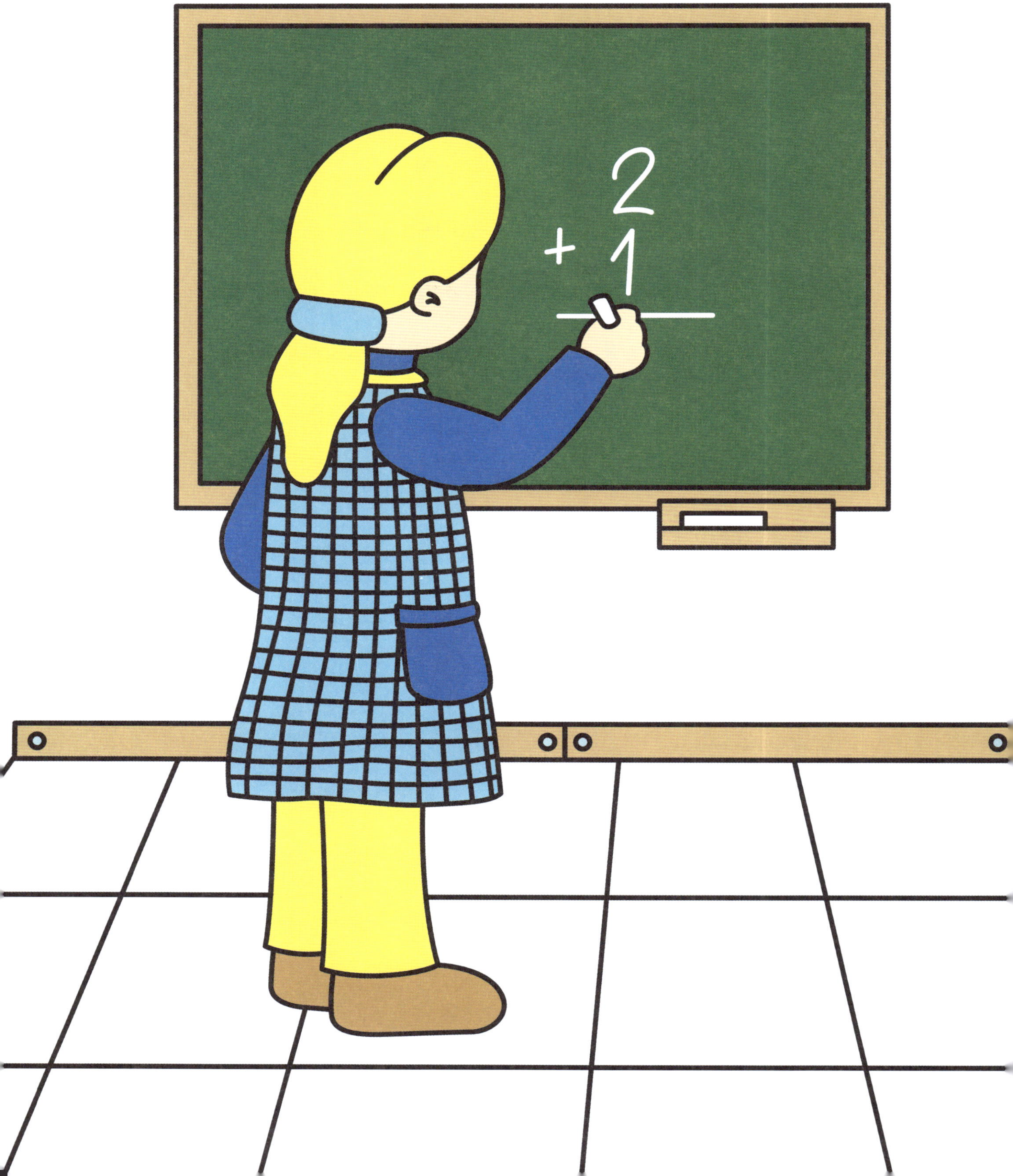
2
+ 1

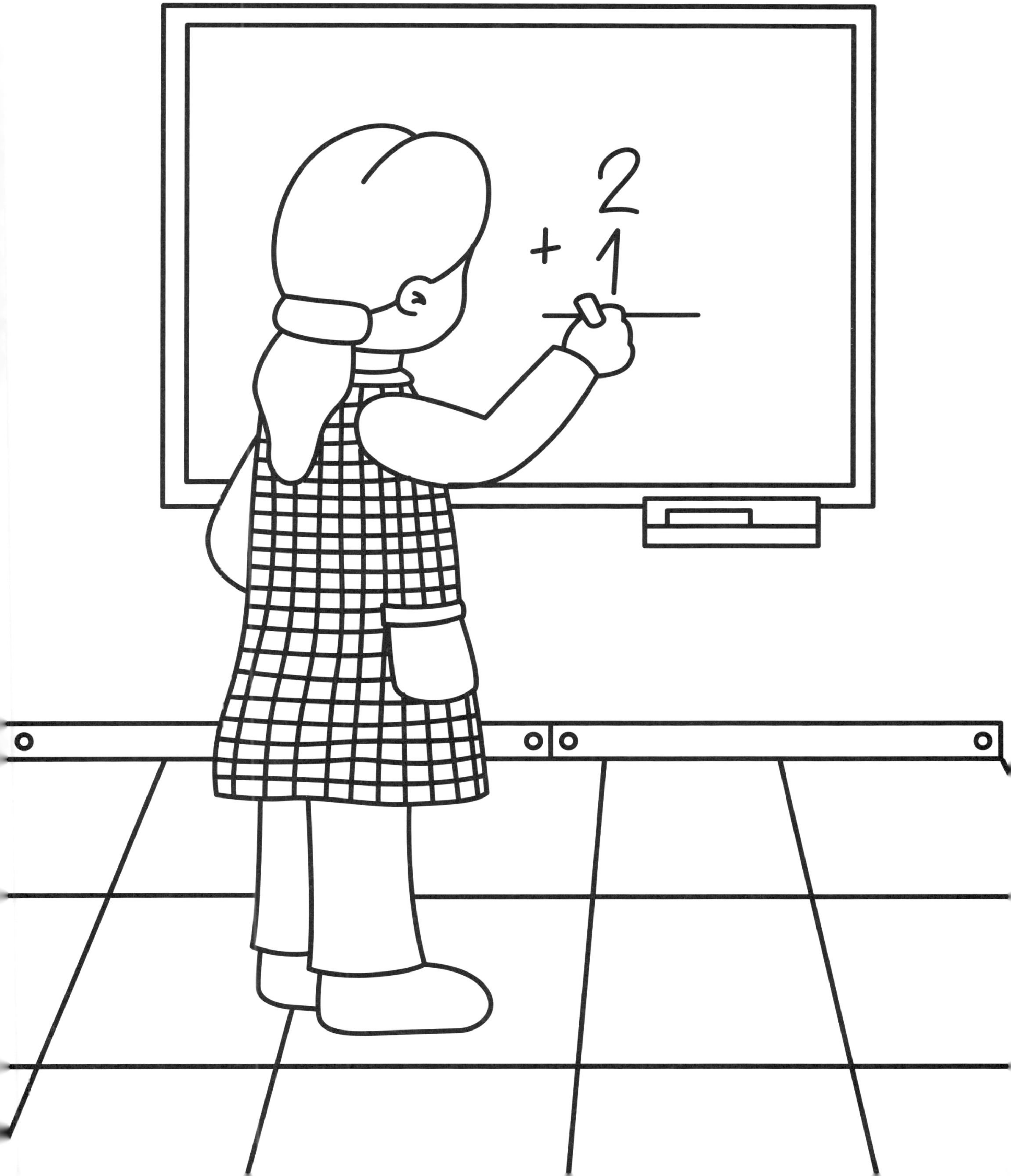
2
+ 1

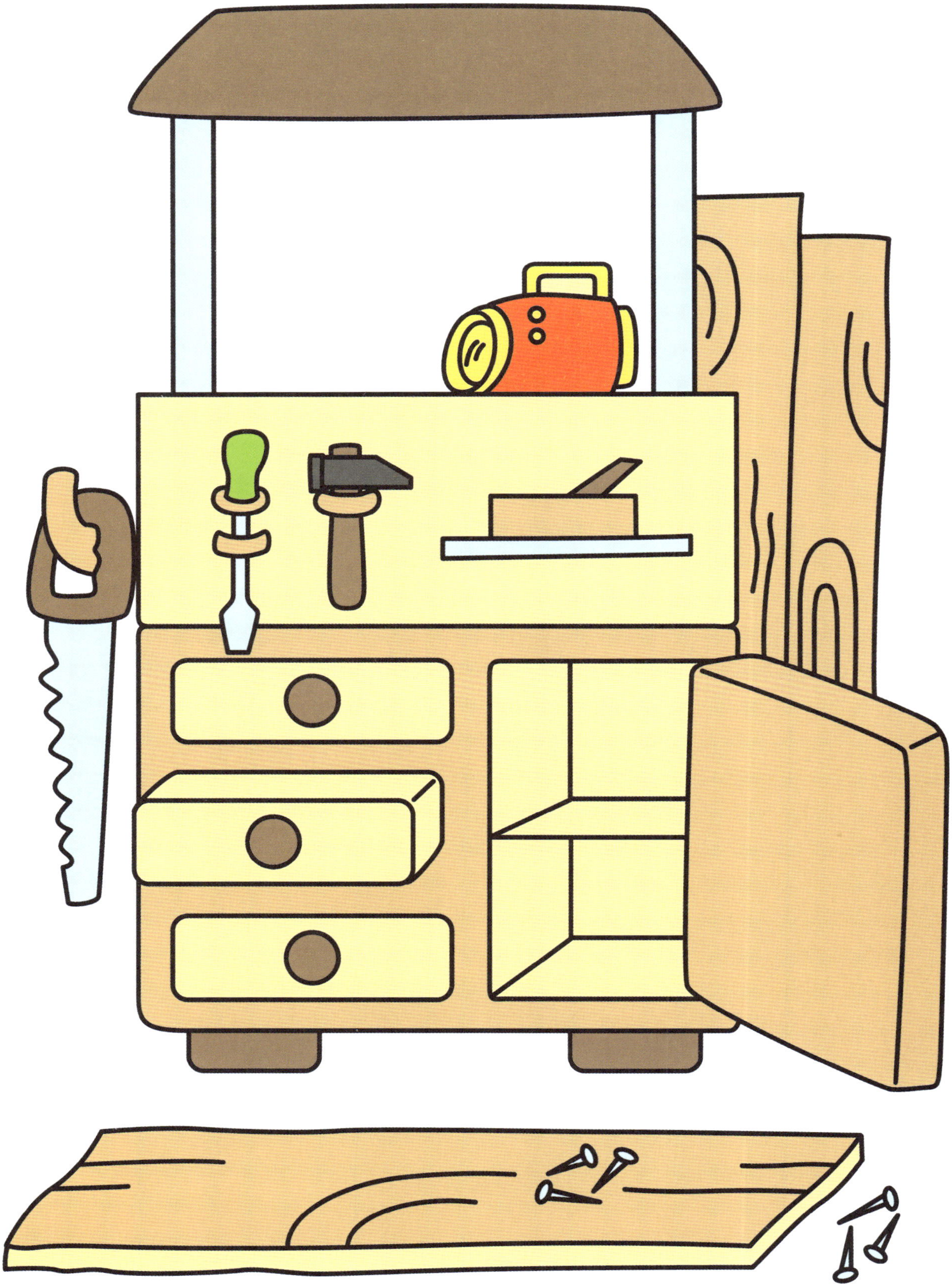

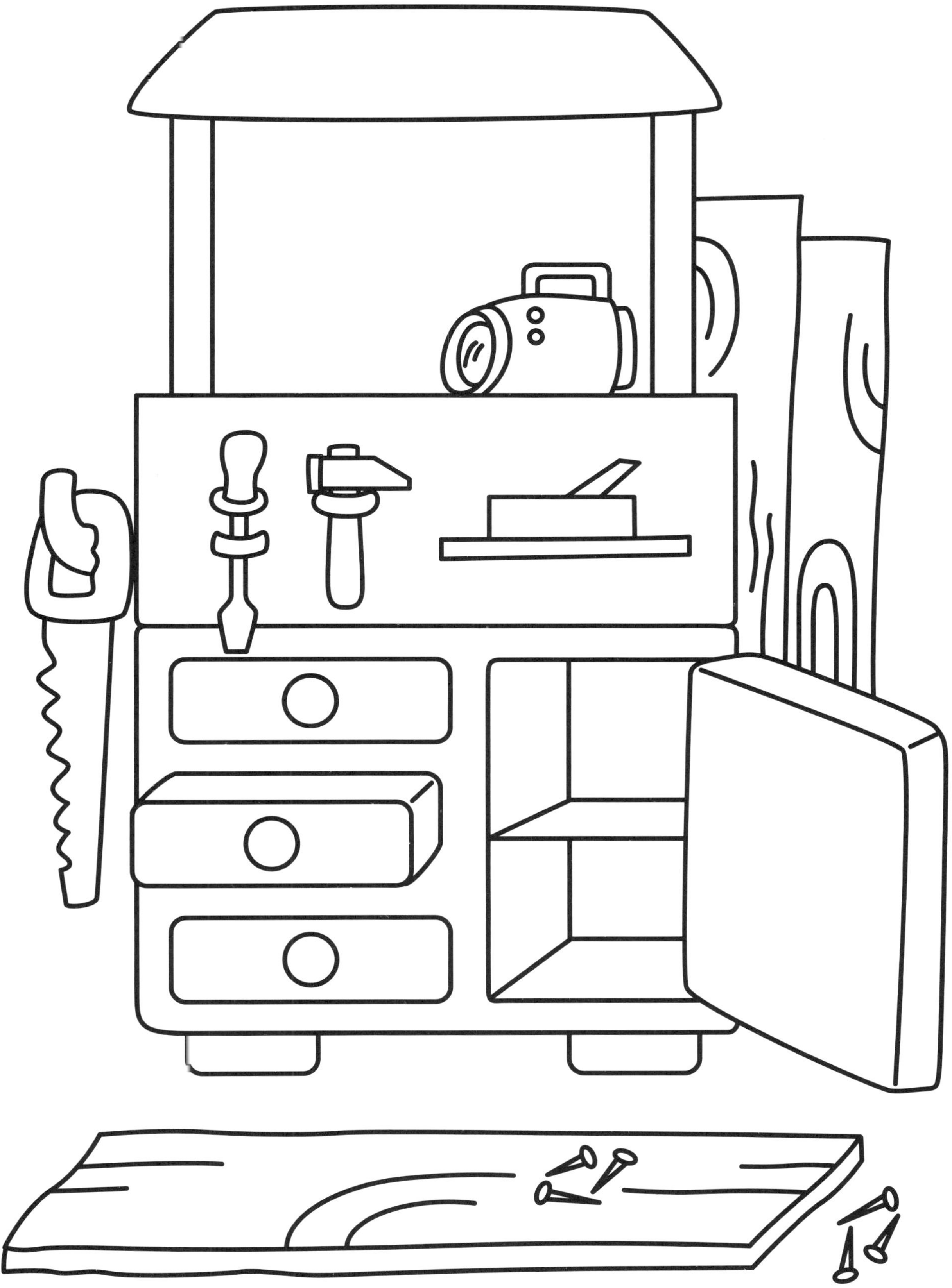

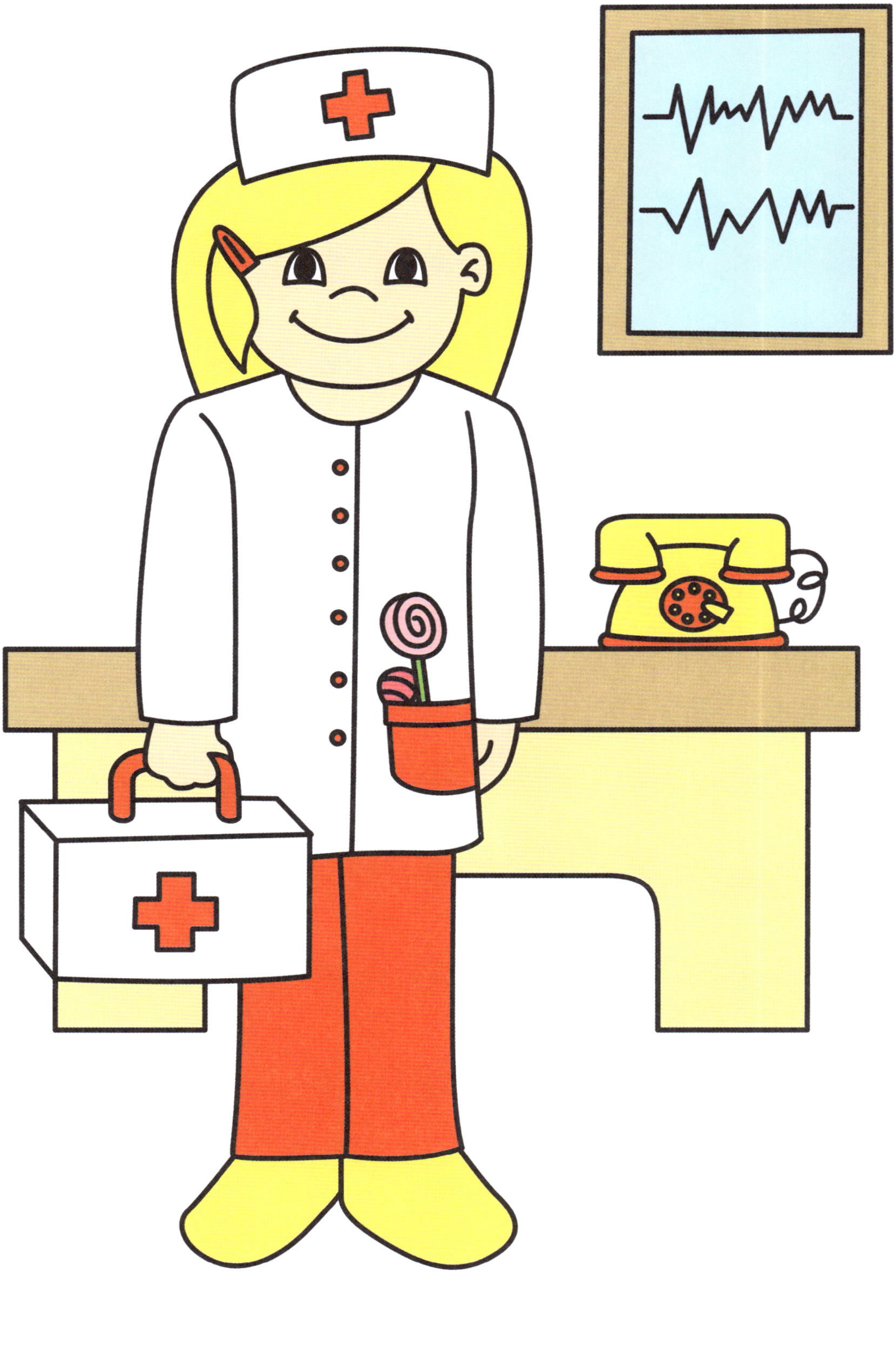

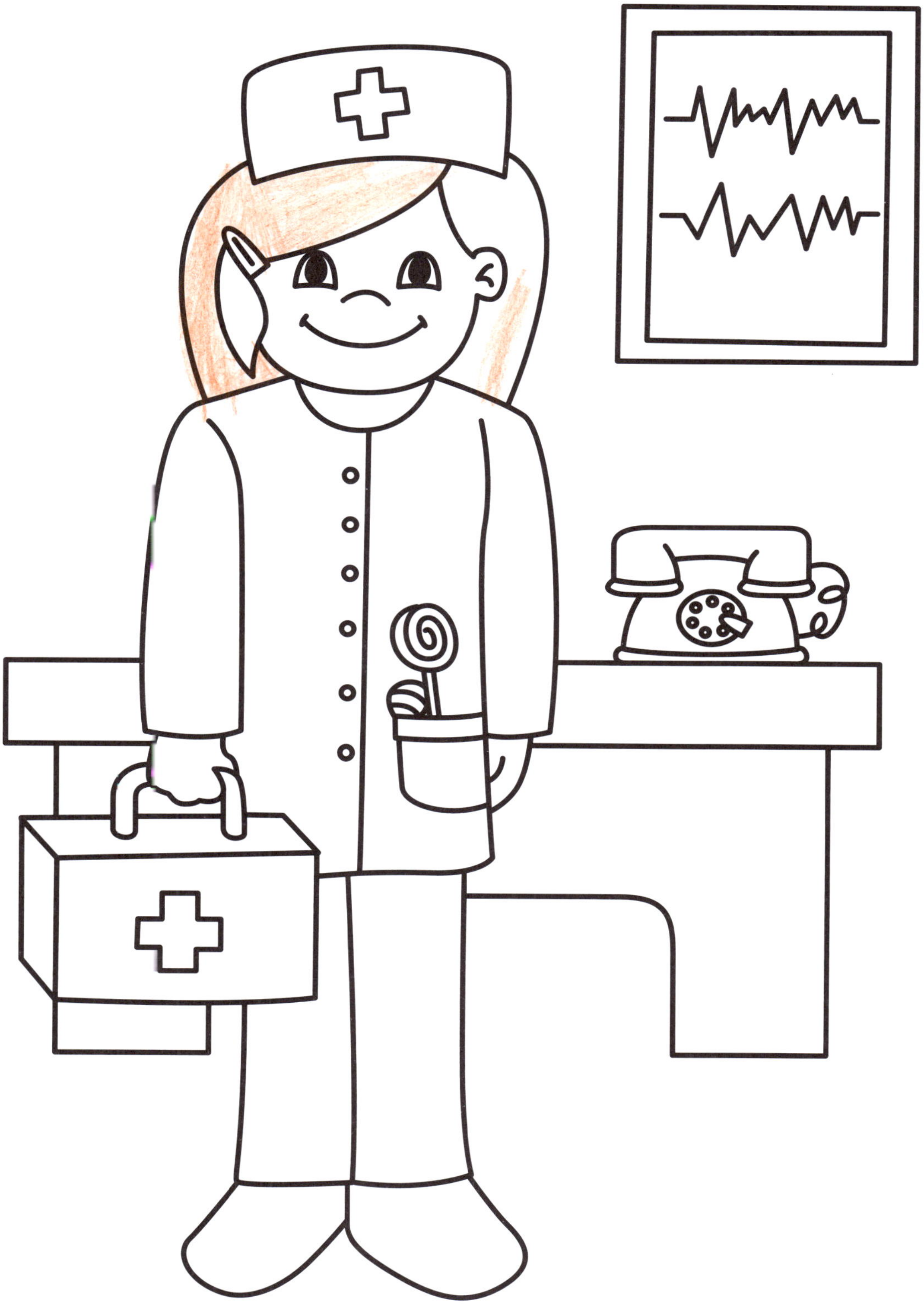

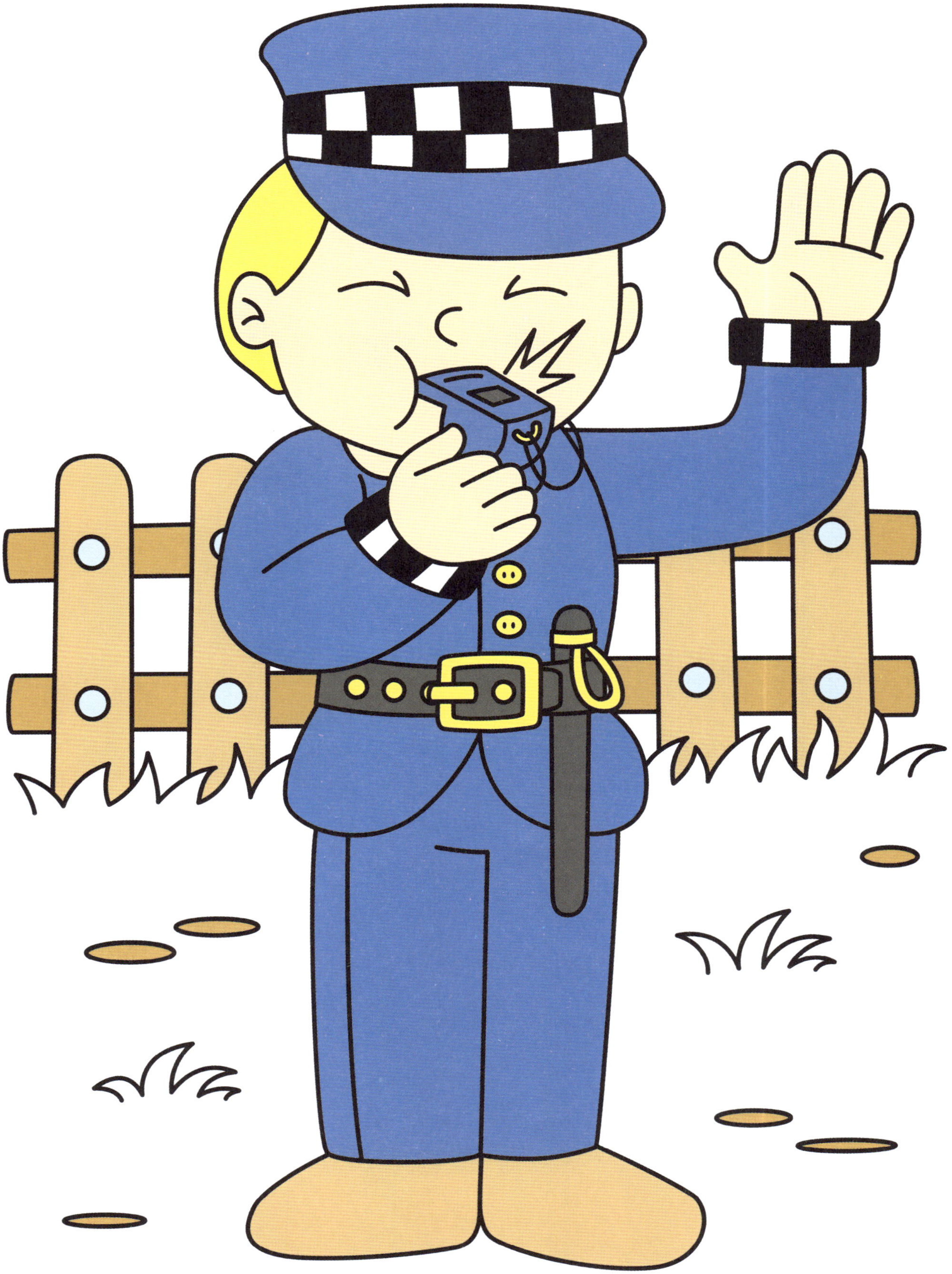

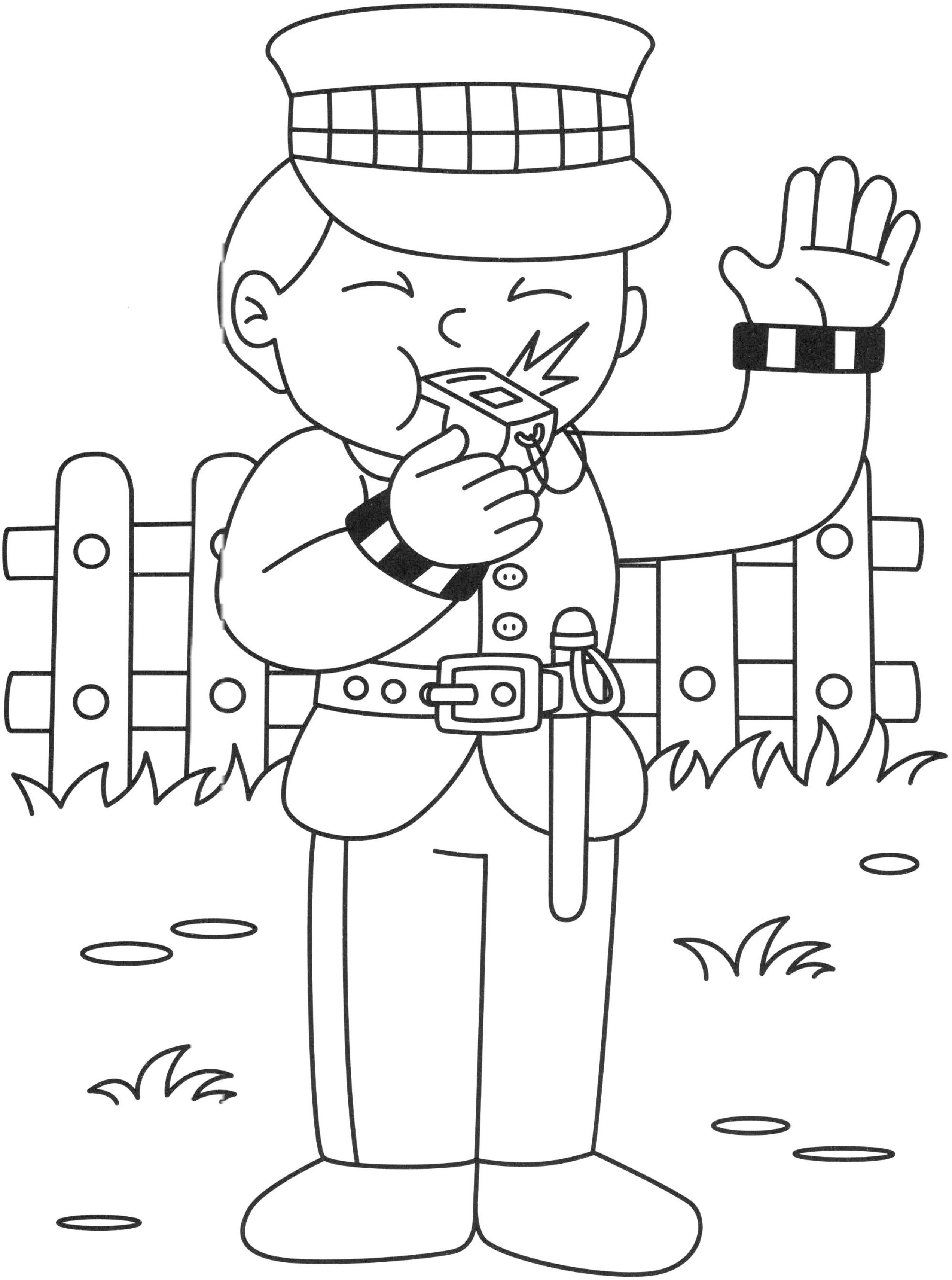

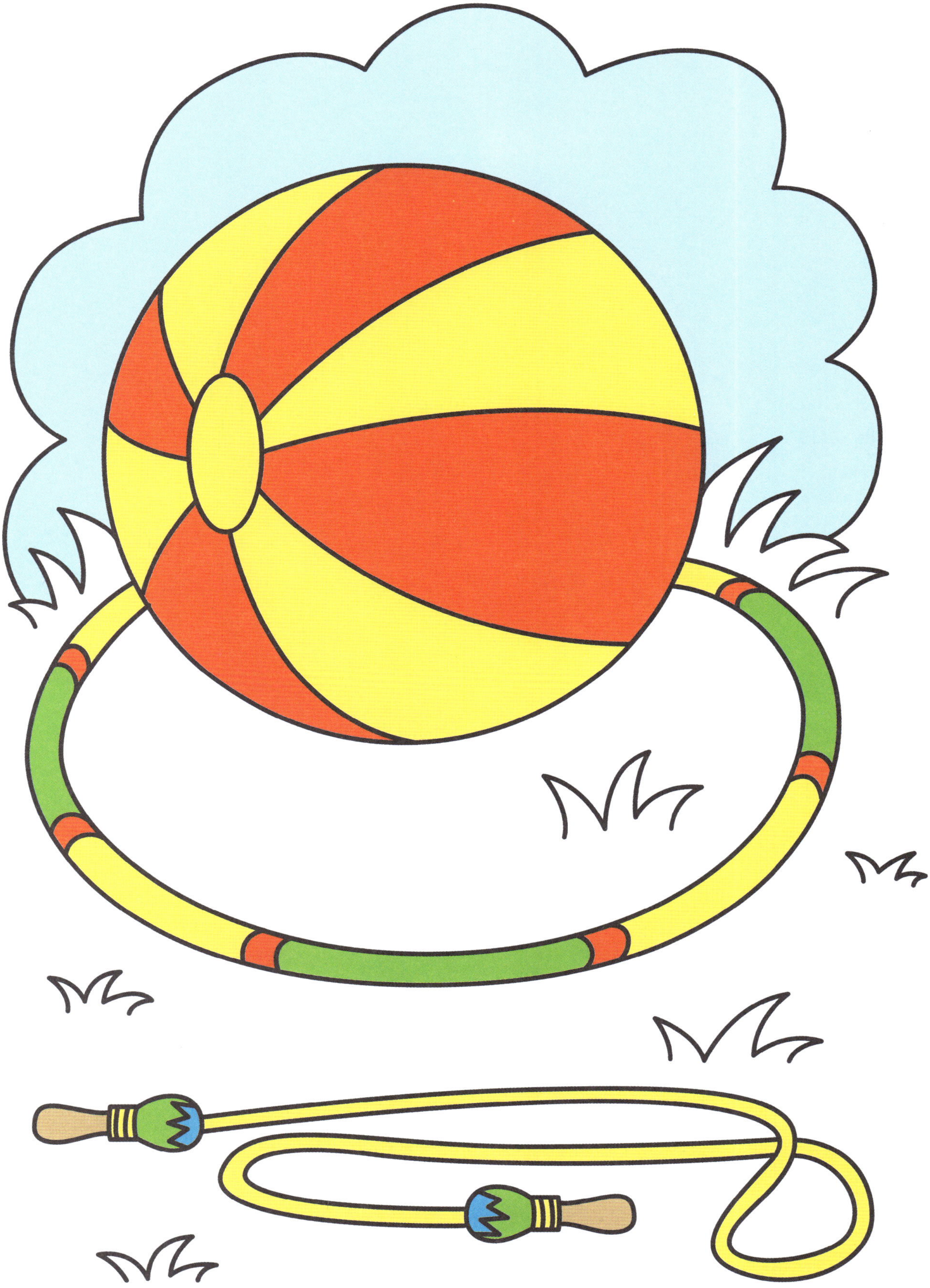

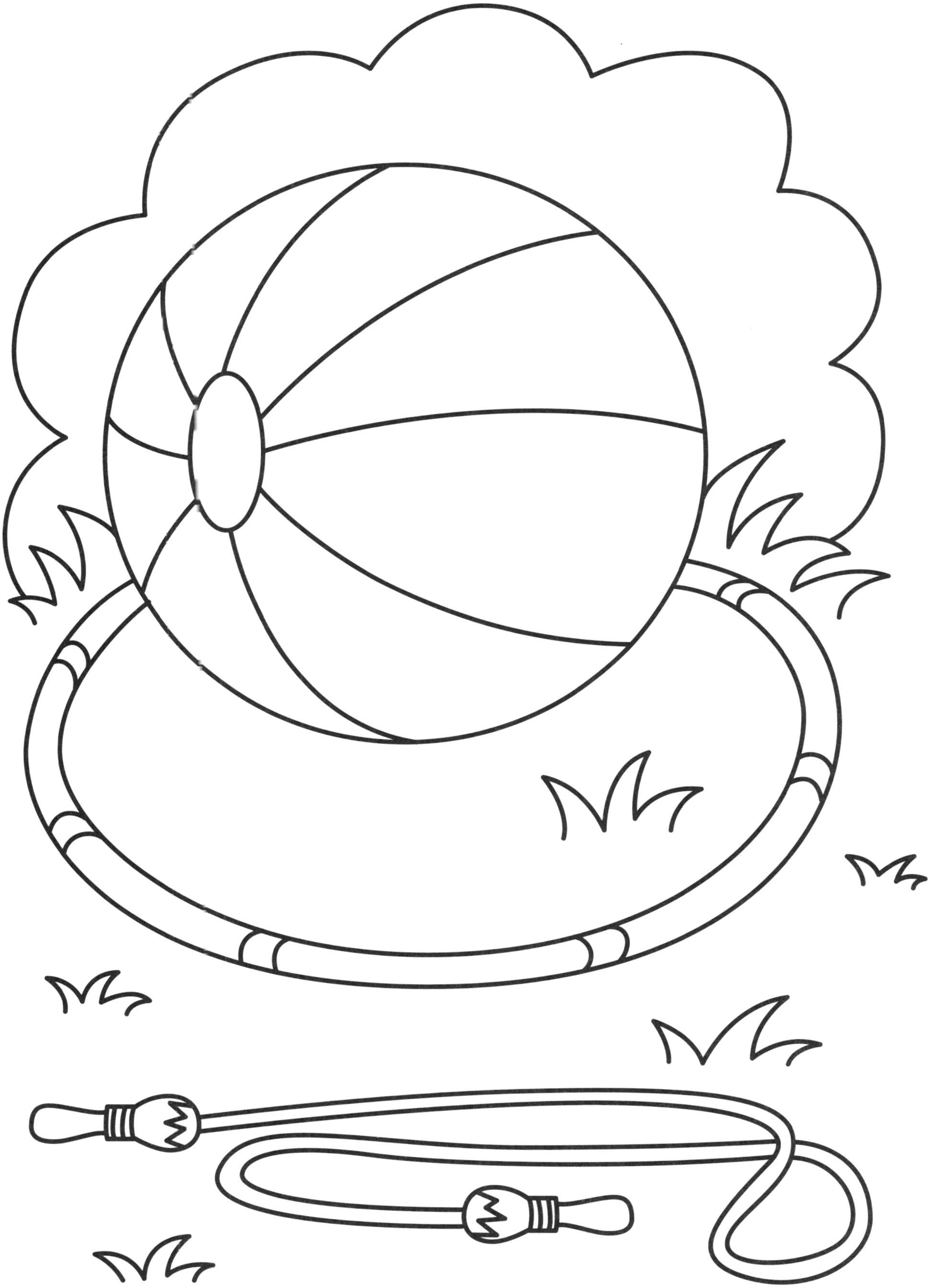

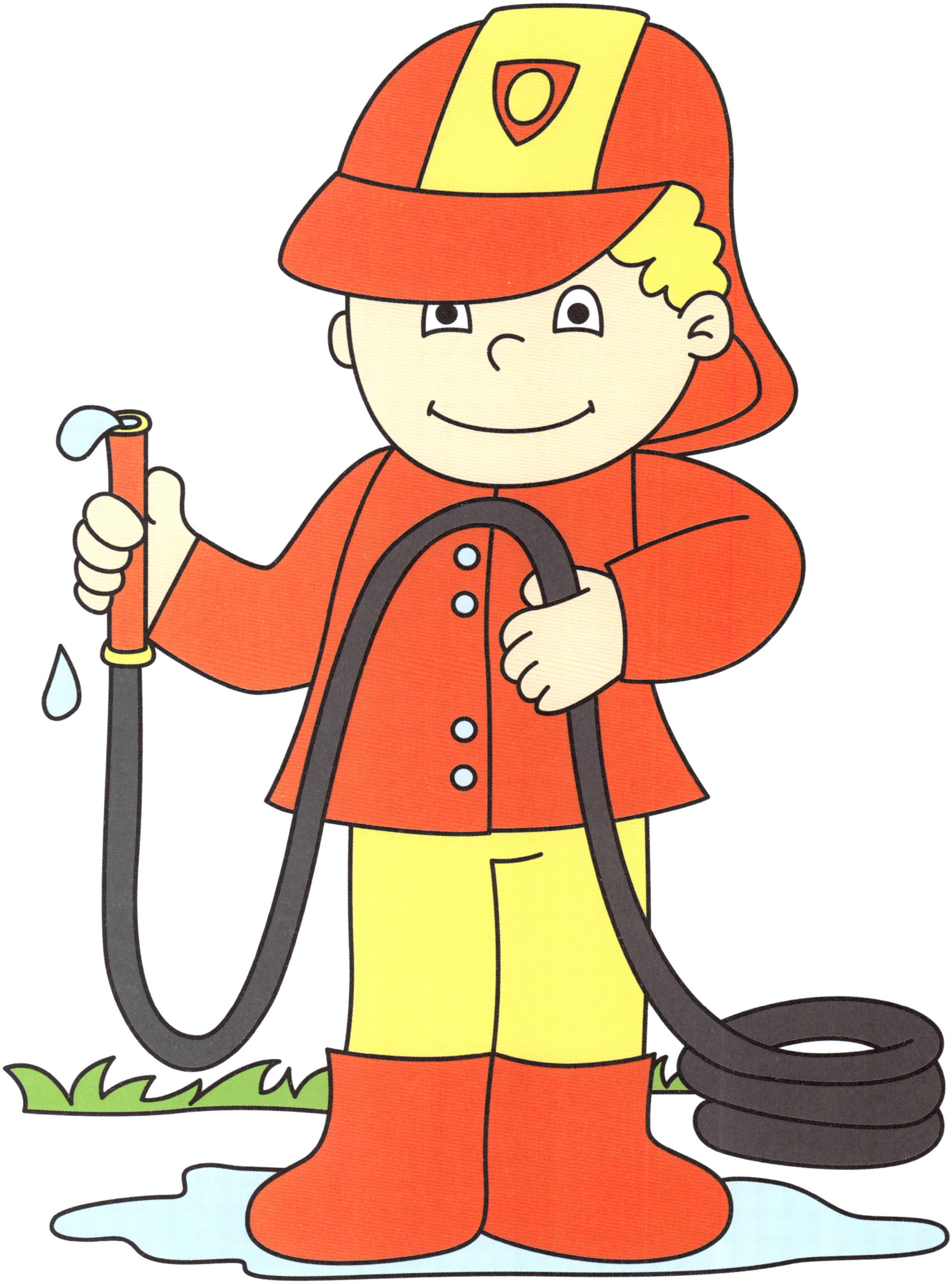

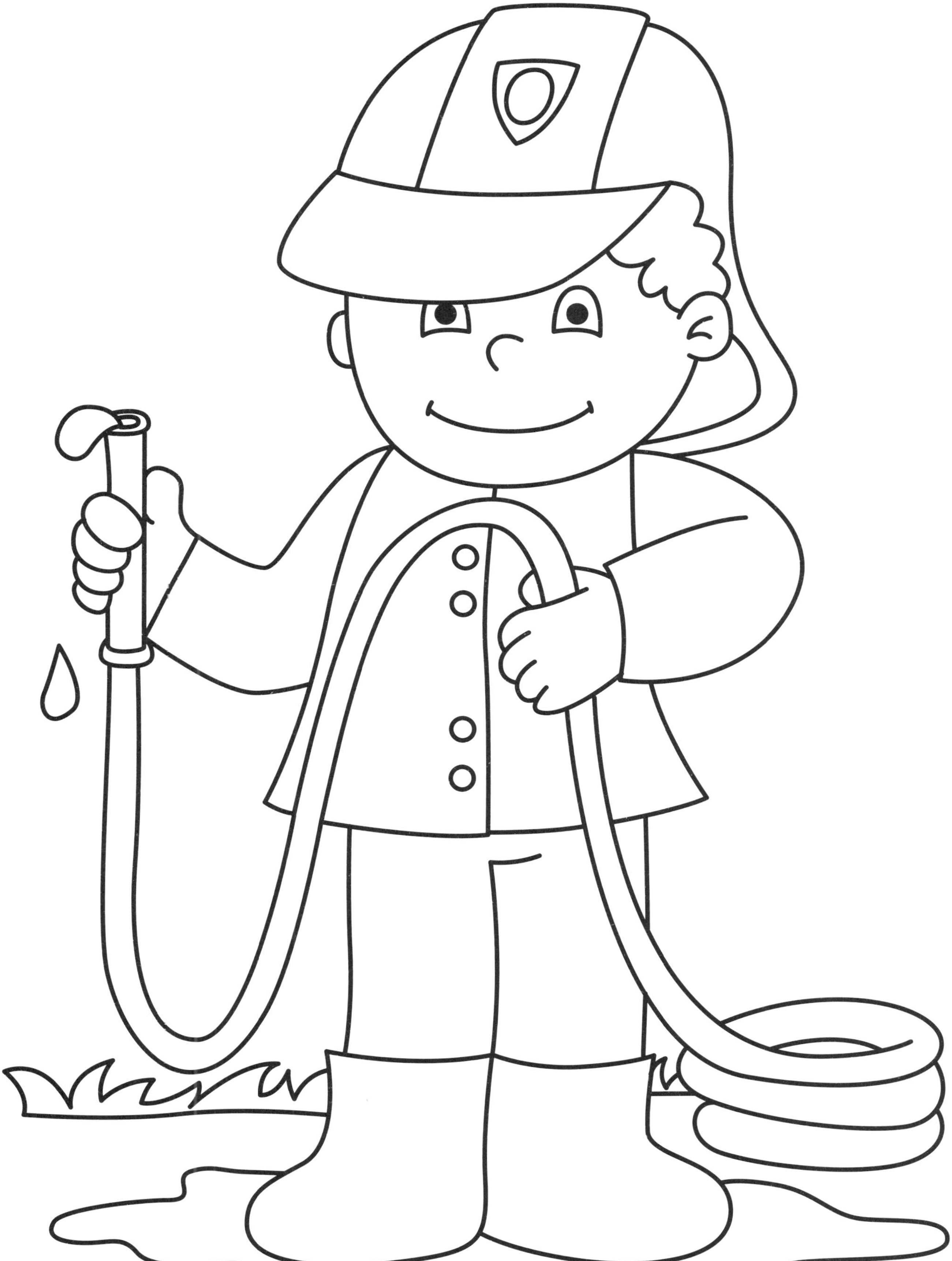

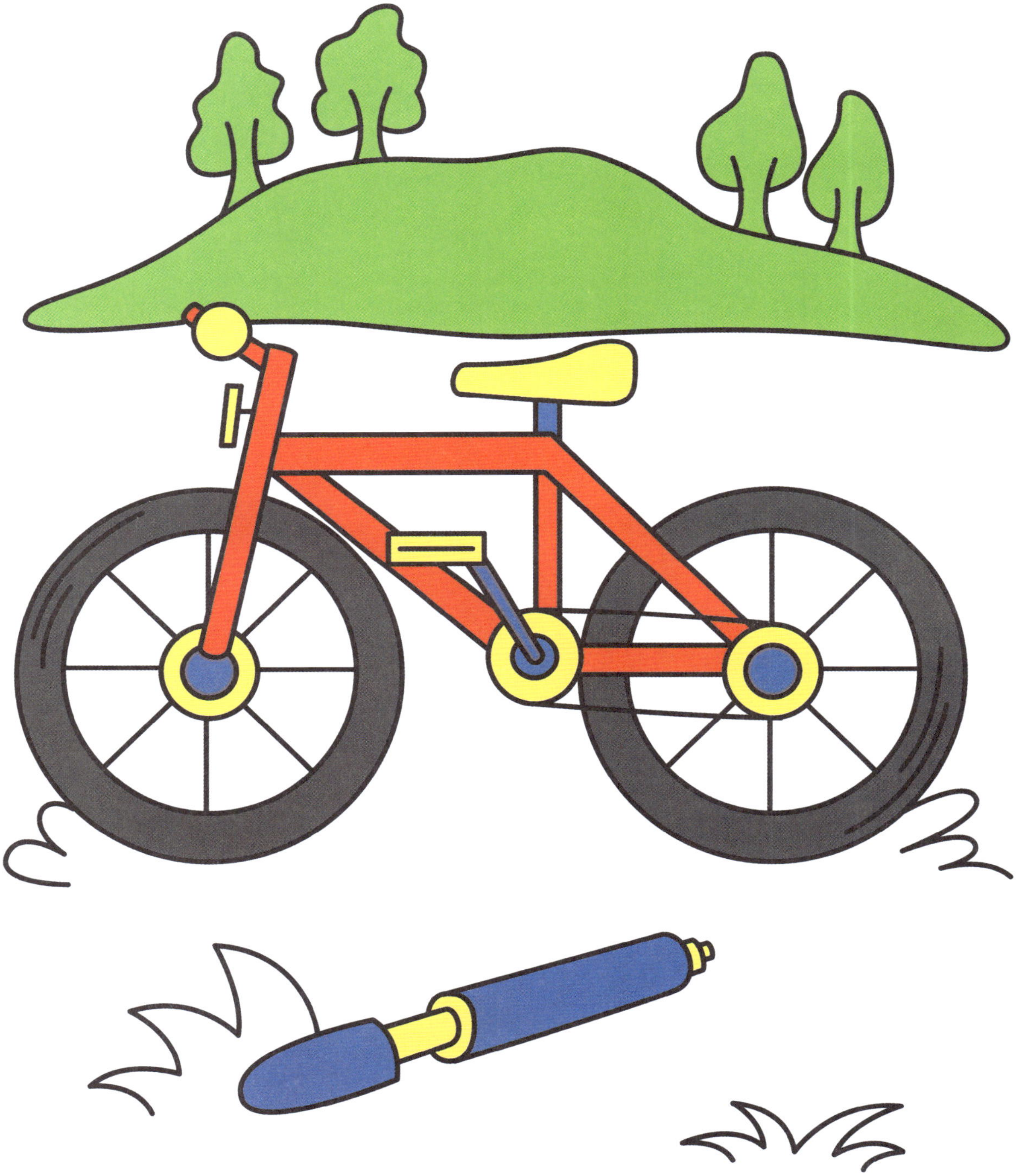

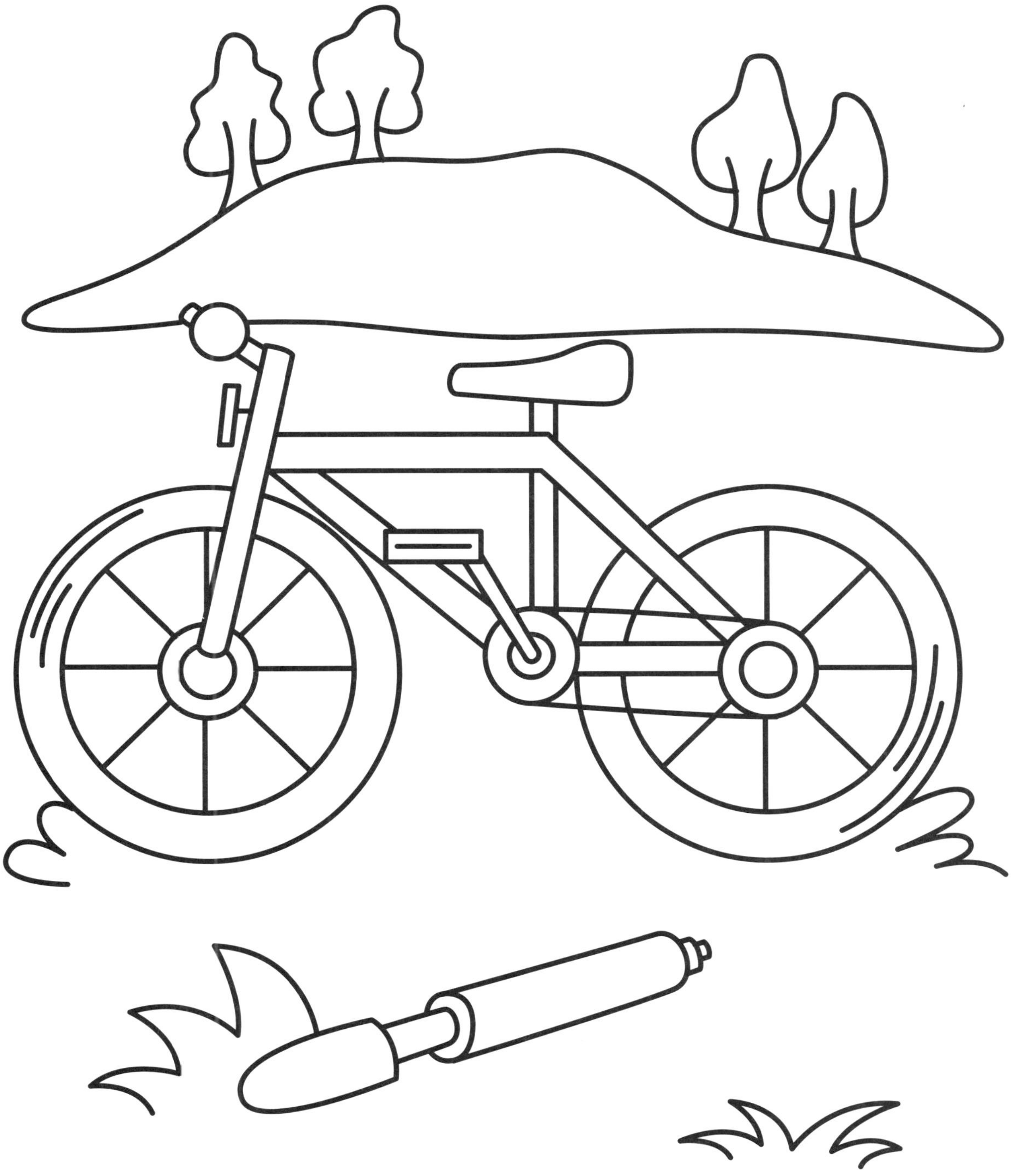

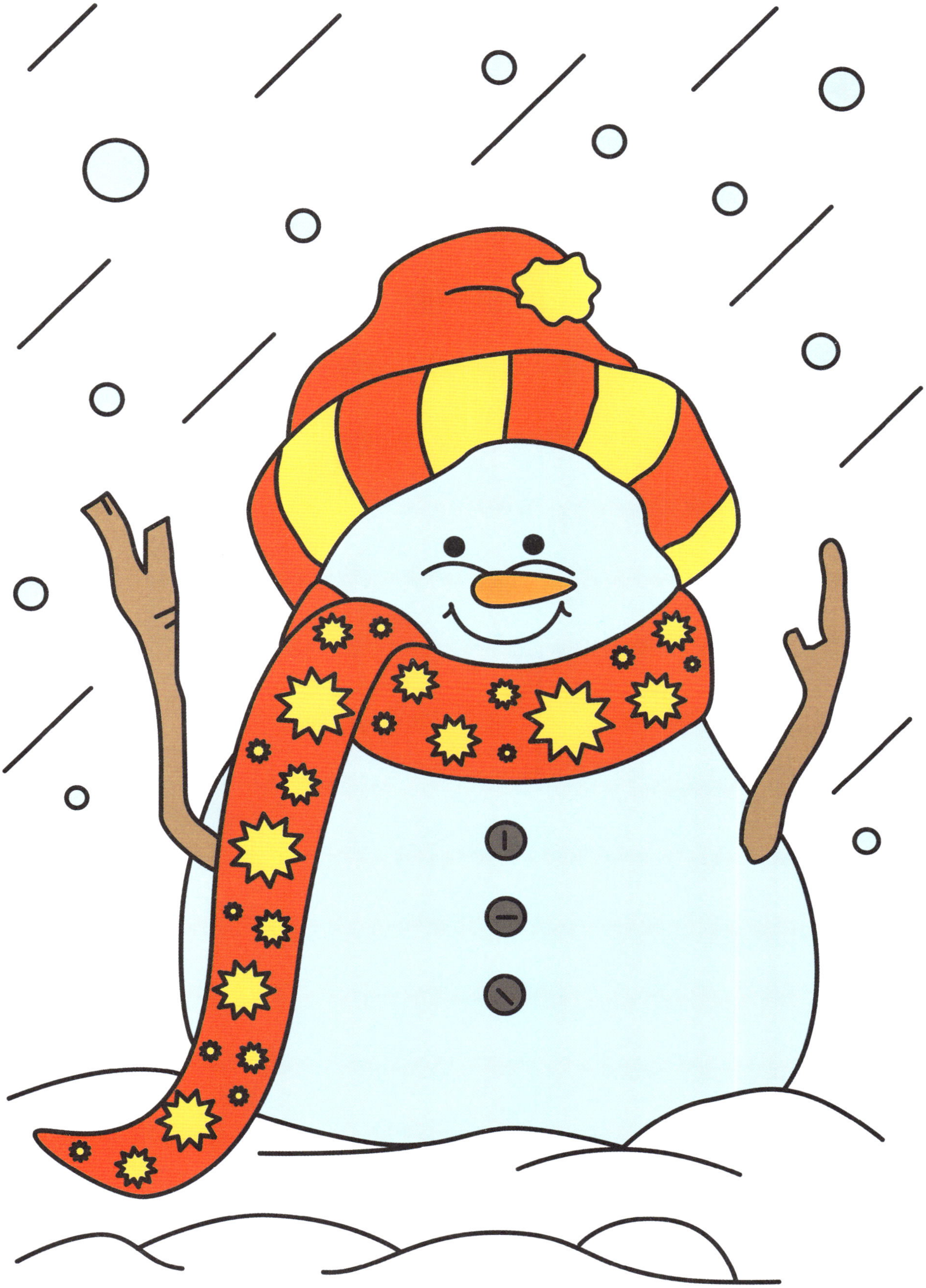

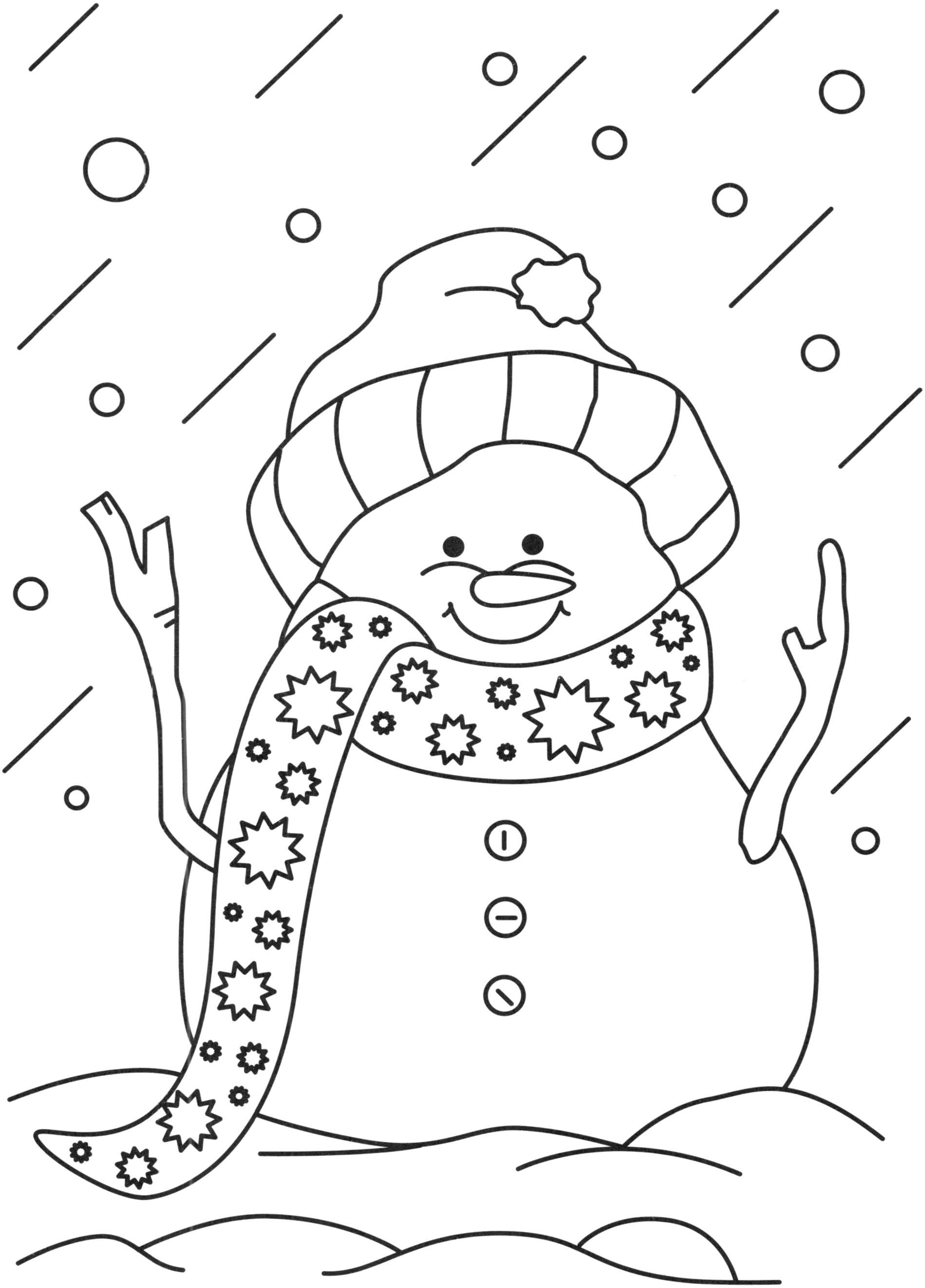

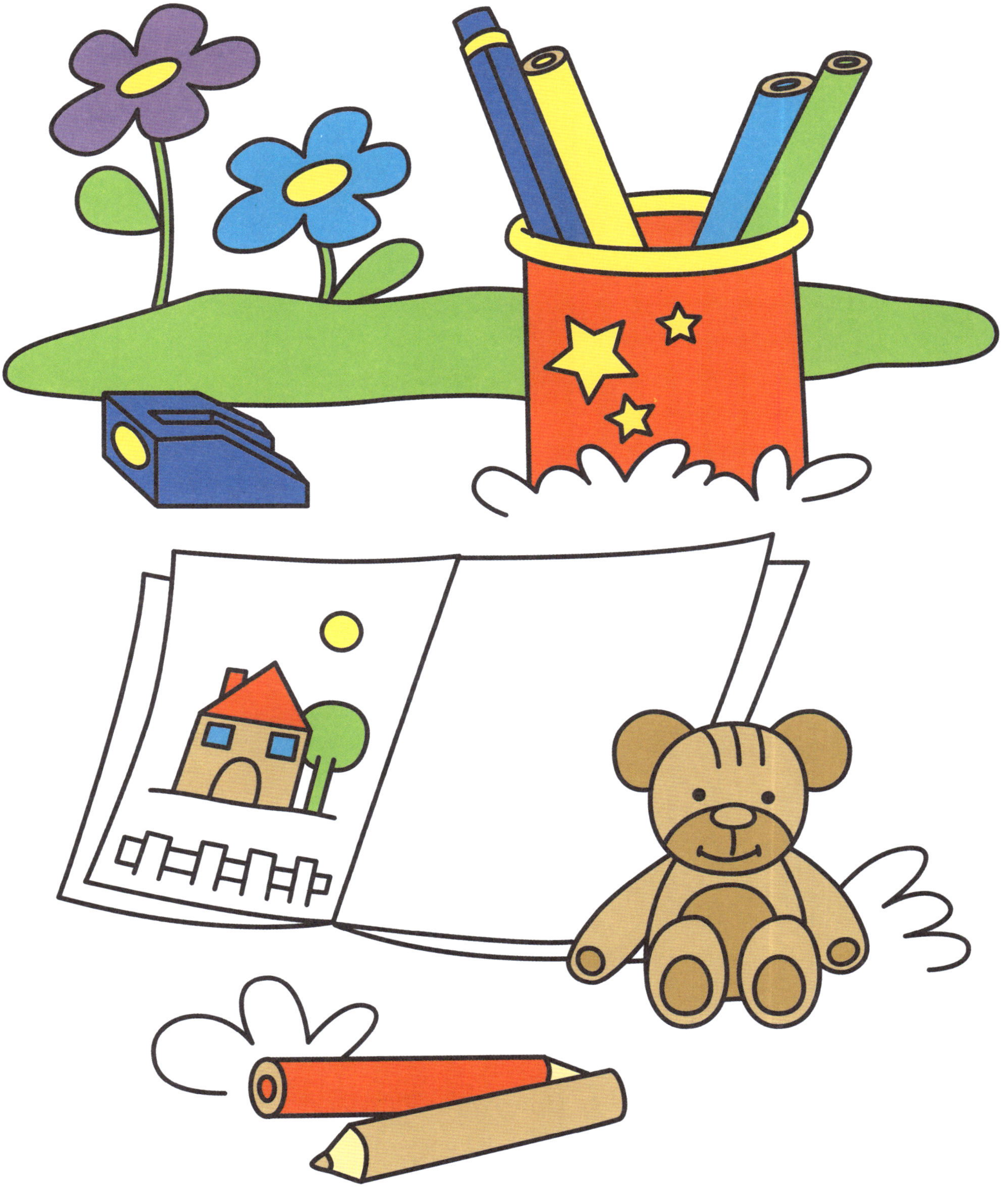

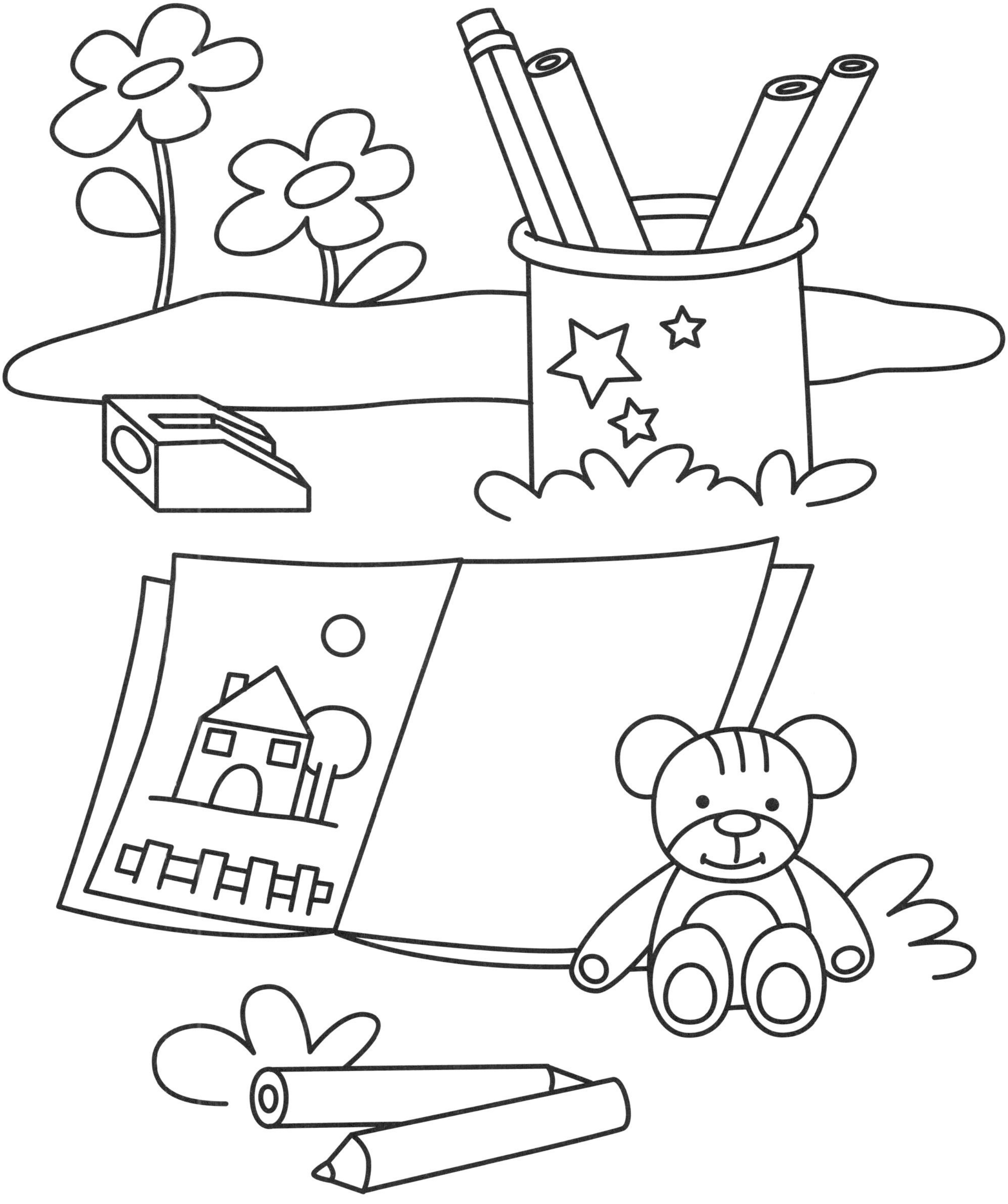

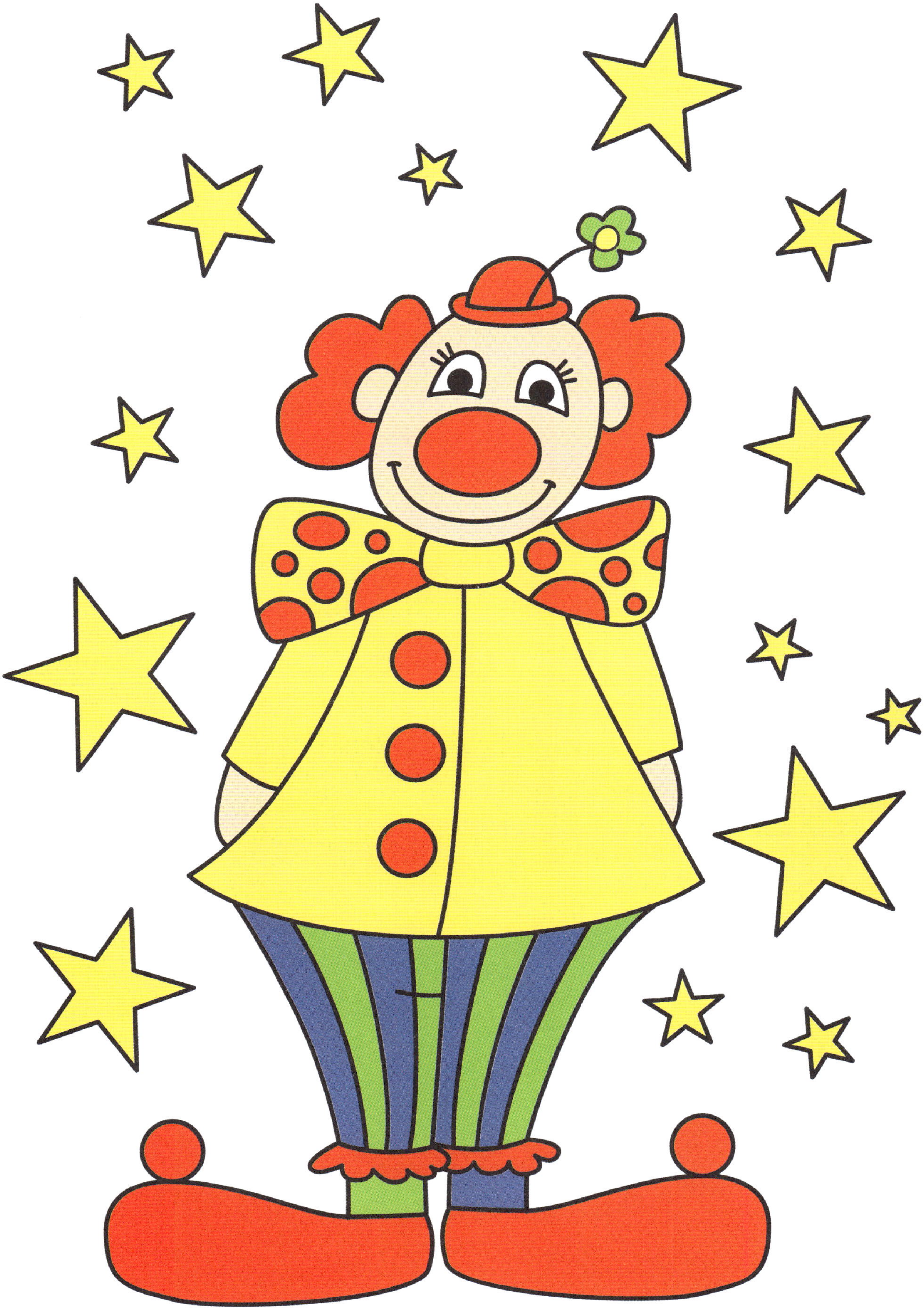

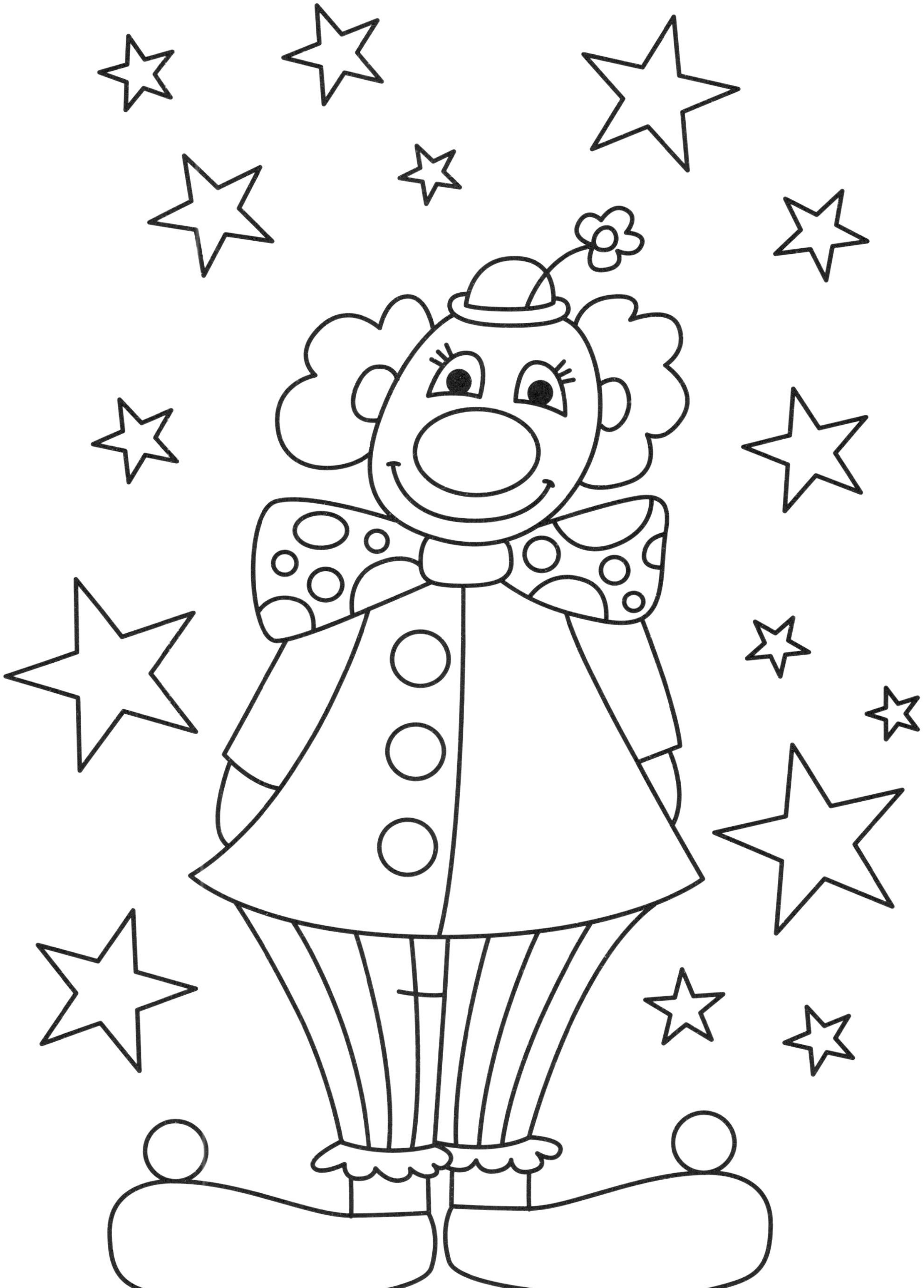

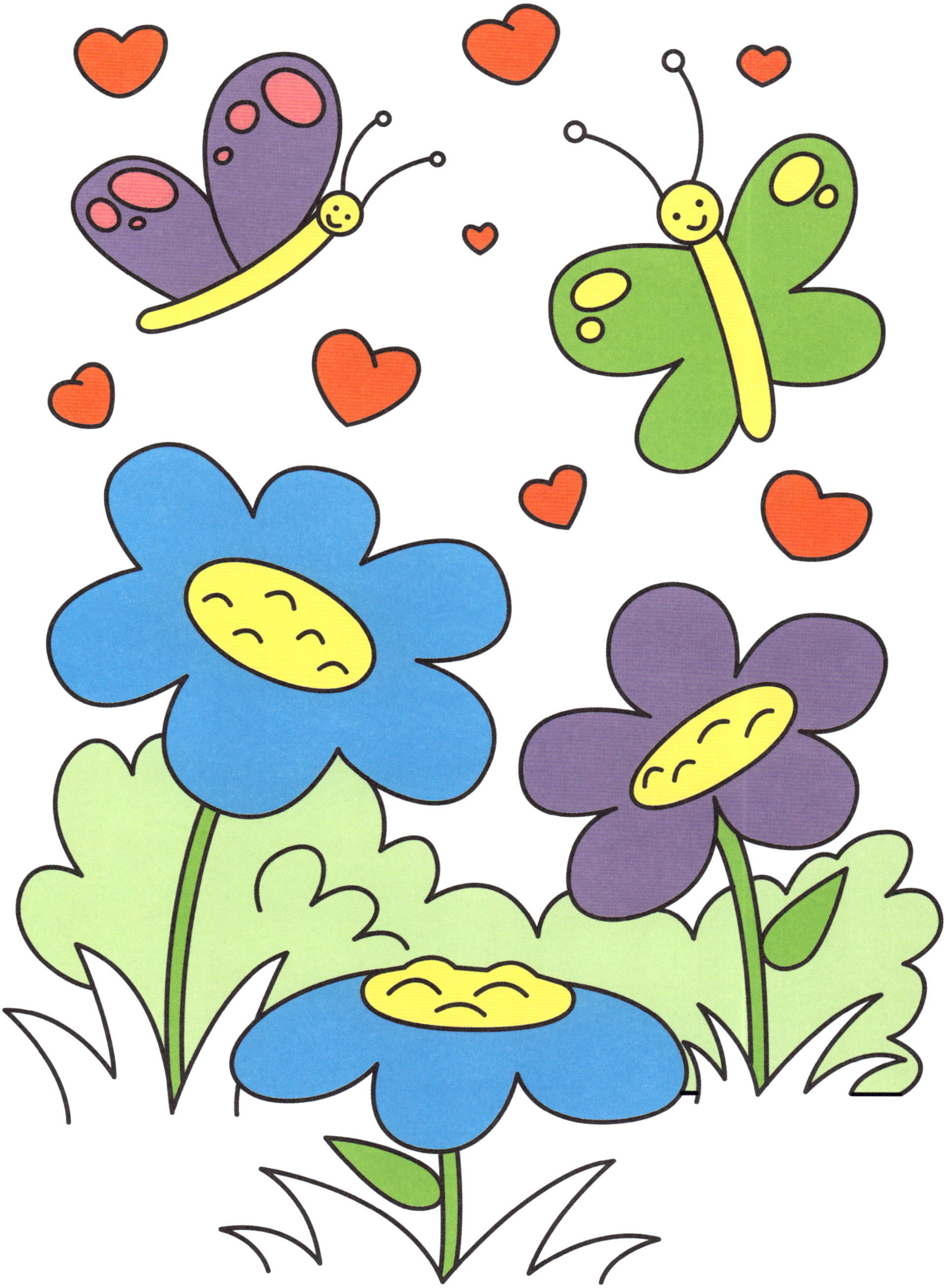

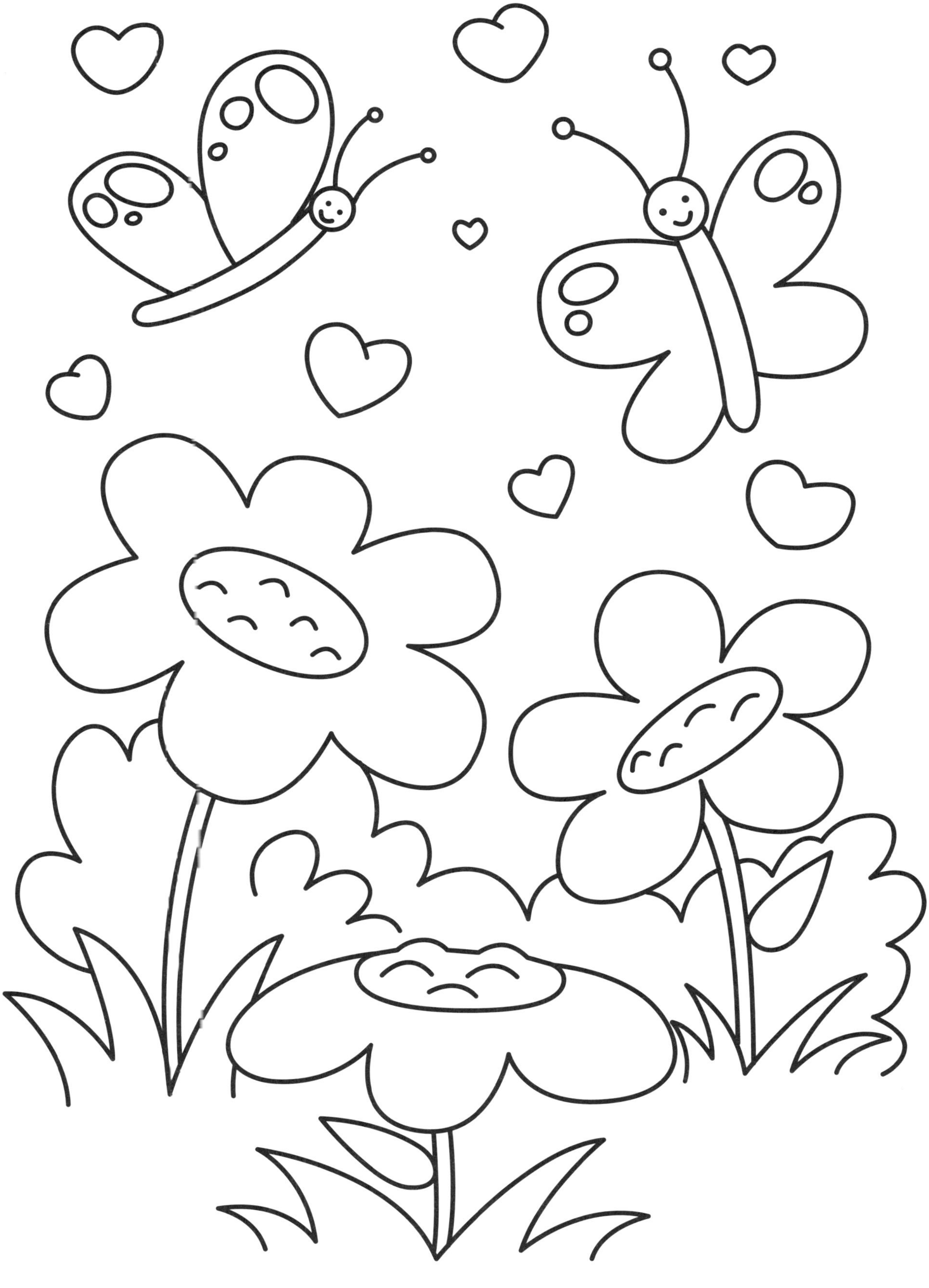

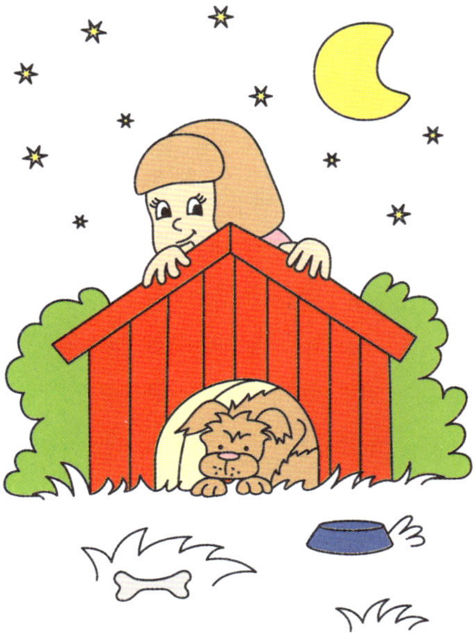

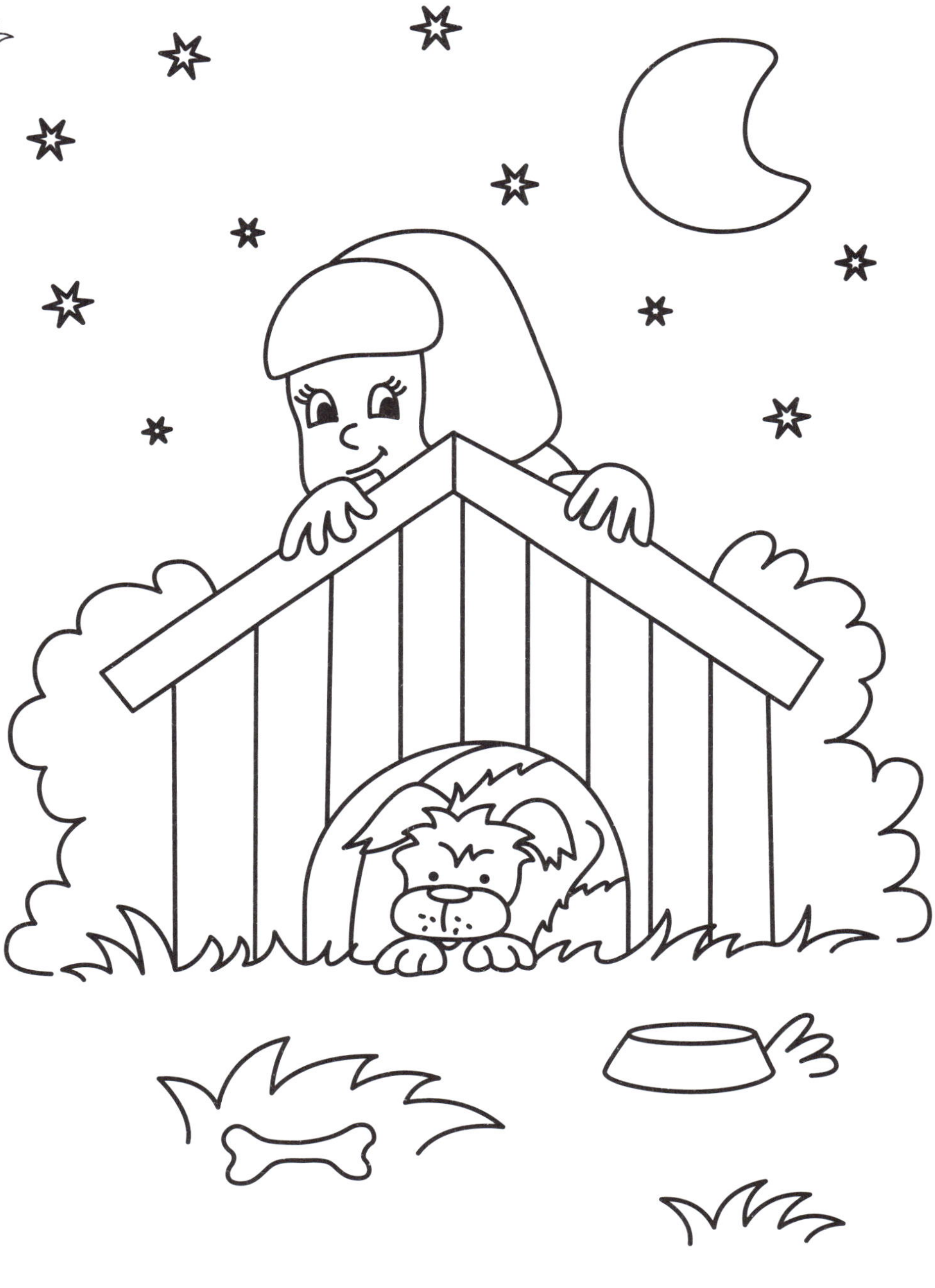